Gianfranco Brevetto

SCRIVI DELLE BELLE STORIE E SAREMO FELICI!

appunti sull'arte d'inventare la realtà

www.lulu.com

Indice

Premessa   7

Sognare i sogni   9
I segni di Simenon   11
La danzatrice del ventre   17
Pinocchio. La necessaria metamorfosi dell'identità   19
Sincope   23
Alice. La metamorfosi del senso   25
Circostanze   33
I miti. Le moderne autostrade del senso   35
Cani   39
Vivere la quotidiana favola della nostra esistenza   41
Toubib   45
E allora faccio finta di avere un giardino zoologico   47
Capre   51
Pigmalione ovvero la costruzione dell'altro   53
Aoristo   57
Se tutto spiega tutto, tutto è spiegato.
Vasco Rossi e Spinoza   59
Incrocio a doppio senso   63
Willy e la sospirata fabbrica che produce ogni cosa   65
Gallina   69
La realtà, quella vera, me la invento   71
Osvaldo   75
Sono l'archetipo di me stesso. La narrazione e l'identità   79
Destini incrociati   83
Soltanto parole, parole tra noi   85
L'uomo che non sapeva più ricordare   89
Qu'est-ce qu'on a fait de la grenouille?   91
Il giorno che non voleva finire   95
L'uomo che sosteneva che non sarebbe mai morto   97
Emmanuel Bove. La promenade de Charles Benesteau   99
Svignarsela! Appunti per una letteratura delle fuga   107
Quei vestiti acquistati e mai messi   111

Per Alessandro e Chiara

Premessa

Questo volumetto nasce con l'intento di raccogliere una serie di testi che, accumulatisi nel corso del tempo, hanno finito col costituire un insieme abbastanza omogeneo. Il lettore troverà qui riuniti articoli e piccoli interventi, apparsi sul quotidiano on-line Agoravox.it e sul mio blog, a partire dal 2009. Quindi, eventuali riferimenti temporali, sono da considerarsi puramente indicativi e vanno fatti risalire alla data di prima redazione del testo stesso.

Il tema centrale, senza nulla voler anticipare, è quello del legame tra la narrazione e la realtà. Di questo complesso rapporto, la cui trattazione approfondita trascende gli obiettivi di questa pubblicazione, qui si mettono in evidenza soprattutto le problematiche relative al sé, alla suo affermarsi, al suo mutamento e alla sua presunta stabilità nel tempo.

L'AUTORE

SOGNARE I SOGNI

Molto strano. La notte scorsa ho dormito. Poi mi sono svegliato di soprassalto. Non ricordavo dove ero, evidentemente avevo sognato. Una storia bellissima. E' durato molto poco, poi mi sono riavuto ed ho riconosciuto la stanza in cui, poche ore prima, mi ero addormentato. Ho tentato di riprendere sonno, ma non ci sono riuscito. Mi sono chiesto: perché riconosco i luoghi del sogno e non quelli della realtà?

Lì, nel sogno, anche se il tutto effettivamente appariva più ingarbugliato e sfocato, gli accadimenti mi sembravano veri. Ricordo molto bene, c'era anche una donna che conoscevo nelle vita reale, bella quanto evanescente. Domani l'avrei rivista e, nella vita di tutti i giorni, sono sicuro che avrebbe fatto finta di nulla.

Purtroppo è cosi. Ricordiamo solo quei sogni che gli altri dimenticano.

I SEGNI DI SIMENON

Più di vent'anni sono trascorsi dalla morte di Georges Simenon. In Italia la sua fama si deve soprattutto alla fortunatissima serie dei telefilm tratti dalle inchieste del commissario Maigret, interpretati da Gino Cervi. I suoi numerosissimi romanzi continuano ad essere presenti negli scaffali di tutte le librerie.

Certamente un caso editoriale, come è vero anche che alla sua opera, al di là dell'illustre commissario, si sono ispirate numerose produzioni cinematografiche di notevole successo, con interpreti di primordine. Vero è anche che i tratti del commissario francese sono ispiratori di molti commissari protagonisti di altrettante serie editoriali e televisive. Basti citare per tutti Montalbano e anche, per molti versi, l'ispettore Derrick ed il tenente Colombo.

Che l'invenzione del personaggio di Maigret sia stata la fortuna di Georges Simenon è fuori di dubbio. Che questo personaggio abbia in qualche modo condizionato il resto dell'opera di uno dei più prolifici romanzieri del secolo scorso è discutibile. Non è nostra intenzione aprire una querelle sull'opera di Simenon, ma l'intuizione del celebre commissario ci avrebbe messo, anche in questo caso, in guardia. Forse avrebbe deciso di seguire il suo istinto, perché d'istinto si tratta e non di fiuto.

Parliamo di istinto e non di natura animalesca, ma di una qualità umana, di una conoscenza, di un sapere.

Il commissario ideato del nostro autore non è in possesso delle capacità che lo possono assimilare al poliziotto-segugio. Maigret ha una qualità in sé, tutta interna alla società francese di un'epoca ed indissolubile da questa. Maigret è Maigret perché è nella Francia che abbraccia alcuni decenni del secolo scorso. Maigret è tale perché è un profondo conoscitore della capitale francese, si muove con i suoi precisi punti di riferimento, geografici e culturali.

Ma le sue trasferte (spesso casuali e volontarie) in provincia interpretano il resto del paese non come prolungamento e marginalità della vita parigina. Maigret si reca sul posto, vive con i protagonisti. Il suo vero metodo somiglia più al genere dell'etnologia e delle scienze sociali, diremo all'osservazione partecipante, che quelle della criminologia.

Per far vivere e lavorare il personaggio Maigret occorre, in primo luogo, un ambiente sociale. Di norma quel tipo di società al quale il suo metodo è legato. Come non sarebbe credibile il commissario Montalbano al di fuori della sua Sicilia, così non è pensabile od immaginabile Jules Maigret fuori dal suo mondo originario, è da notare, per inciso, che Andrea Camilleri è stato collaboratore illustre della fortunata serie italiana del commissario francese. E' vero Maigret va anche in trasferta, a New York per esempio, ma l'esperienza americana, così come accade in altri romanzi dello stesso autore, appare l'interpretazione in negativo della lastra fotografica del paese originario.

In proposito è Simenon stesso che sembra confermarci questo aspetto: *"Cerco di conoscere ogni specie d'uomo. Ecco perché viaggio tanto, per andare a veder gli uomini dove abitano, come vivono. Non ho mai incontrato nessuno che mi sia risultato veramente straniero"*.(de Fallois, note al materiale fotografico)

Ed è proprio con la pazienza e la costanza dello scienziato sociale impegnato direttamente che Simenon scrive i suoi romanzi, ci verrebbe da dire i suoi resoconti etnografici. Ancora il nostro: *"Quello che m'interessa è l'uomo com'è e non come avrebbe potuto essere o come sogna di essere...insomma la verità quotidiana dell'uomo...".* (de Fallois, note al materiale fotografico)

Ma anche l'appena accennato aspetto etnografico dell'opera di Simenon ci appare limitato e limitante. Molte pagine sono state scritte a proposito dei caratteri psicologici e delle psicologie dei suoi personaggi. In particolar modo sono proprio gli psicologi sociali ad esserne stati affascinati. (cfr. Leyens, Mercier)

Anche se, occorre osservare, che Simenon stesso ha sempre cercato di escludere una sua vicinanza ai metodi psicologici o psicanalitici. Quel che è certo è che nelle sue opere è presente un grande interesse per l'uomo in relazione con i suoi simili. Simenon ha il grande merito, come tutti i grandi romanzieri di non precostruire i suoi personaggi , la teoria non anticipa mai la narrazione, i dialoghi, semplici ed essenziali, hanno spesso la funzione di delineare i personaggi evitando caratterizzazioni e generalizzazioni. Da Simenon emerge la concretezza dei suoi personaggi:

"je suis le fils de ce que j'aime appeller le "petites gens" ceux que l'on rencontre, anonime, dans les rues des faubourgs, artisans, ouvriers, employés qu'on voit passer à heures fixe sur les trottoirs, modesties et effaces. femmes teant un enfant par la main ou un bébé dans les bras qui se dirigent, comme inquiètes de l'agent qu'elle vont dépenser, vers le marché ou vers le boutiques de la rue commerçante". (Geo, pag. 60)

Petites gens, dunque, gente comune, legata a drammi e vizi delle quotidianità. Ed alla precisa domanda se i suoi personaggi sono al centro di un'operazione dai risvolti psicologici Simenon così risponde:

"All'incirca, Cioè io cerco di sapere se un tale Tipo di uomo reagirà di tale o tal'altre modo. (...) Prima dell'ultimo capitolo, io non conosco ancora come il romanzo si risolverà, io non conosco necessariamente quello che accadrà, il mio

*personaggio segue una propria logica, che non è affatto la mia.
Io vivo la sua crisi, ed è per me estenuante".*(Lacassin)

In un'altra delle sue innumerevoli interviste è lui stesso a chiarire ancora questo rapporto, questa volta citando uno dei commenti alla sua opera che riteneva in assoluto il più appropriato, quello di Leriche: *" I vosti libri, Simenon, mi piacciono molto perché i personaggi non hanno solo una vita romanzesca, intellettuale o animale, ma anche un fegato, i polmoni, il cuore, i muscoli, i nervi"*. (de Fallois, pag. 216)

Dunque osservazione partecipante, attenzione del cronista (ricordiamo che Simenon ha iniziato la sua carriera come giornalista), protagonismo della gente comune, elaborati in tante microstorie che compongono la smisurata opera di questo fertile e fecondo autore del novecento. La storia ufficiale esiste, beninteso, ma è altrove e viene vissuta sempre, in modo individuale e non collettivo. E' caso de *Il Presidente* in cui la vicenda politica di Clemenceau diventa quella di un uomo sempre più solo al termine del suo apogeo.

Ancora, solo per fare alcuni esempi, ne *Il Treno*, qui l'occupazione nazista della Francia è solo il veicolo di una storia d'amore tra due sfollati. In Maigret la giustizia e le istituzioni sono solo di contorno, se non di ostacolo, al lavoro paziente di un commissario che vive circondato di un'umanità varia, umanità che è essa stessa il motore, l'inizio e la fine del racconto. A Simenon, ed è lui a ricordarcelo, basta inoculare, in questa realtà, un momento di rottura, di crisi, per poi assistere agli effetti e scriverne il resoconto-romanzo. Uomini e donne appaiono lasciati al proprio destino (cfr. de Fallois).

E' questo un filo comune a tutta la sua opera. Opera nella quale anche il commissario Jules Maigret appare essere solo il prolungamento di Georges Simenon, forse null'altro che uno dei suoi pseudonimi utilizzati nella sua lunga carriera.

Questi uomini e queste donne non appaiono però isolati, il loro destino s'intreccia nella trama del racconto dove le immagini si susseguono rapide e vive. A volte l'occasione della narrazione nasce proprio dall'incontro di due individui, essa esiste e si snoda solo grazie al fatto che loro esistenze vengono a contatto.

E' il caso di *Tre camere a Manhattan*. In questo *romans-romans*, per dirla con l'autore e che coincide con la sua esperienza newyorkese, Simenon introduce una serie di elementi che hanno fatto la fortuna di questo scritto. Nel momento più basso di due solitudini queste s'incontrano. Non si tratta di colpo di fulmine, ne di attrazione fisica, ciò che li accomuna sono segni (come avrà modo di precisare in *En cas de malheur*), segni che caratterizzano i due protagonisti e che, molto probabilmente favoriscono il loro contatto nell'oscurità di un bar della metropoli.

I segni di Simenon non sono affinità, non sono qualità dell'animo, ma vita vissuta. Questa è il vero collante della trama, che si mescola e si definisce attraverso i dialoghi. I segni, queste tracce, si ritrovano anche in altri racconti, se ne potrebbe fare un elenco, ed ogni attento lettore di Simenon sarebbe in grado di elencarle: l'età, l'alcol, i tacchi alti, i cani gialli, la pioggia incessante. Tracce messe solo apparentemente alla rinfusa.

In *Tre camere a Manhattan*, il passato dei due lentamente si elabora, attraverso un gioco di *aveux* e *arrière-pensées*, e diventa, con la complicità di un sottile e fragile gioco, compatibile col presente. Le storie di François e Kay diventano, così, la storia comune durante l'incessante passeggiare notturno dei primi momenti e dei primi giorni. Tenendosi sotto braccio, come immersi in una frenetica spinta relazionale dei sé. I personaggi di Simenon, infatti, sembrano dovere la propria esistenza non tanto in quanto protagonisti della narrazione ma in quanto frutto di esistenze ed incontri occasionali. La loro storia si manifesta solo in quanto vissuto comune.

Simile, anche se con risvolti e trama completamente diversi, è *En cas de Malheur*. In questo caso la trama segue quella del memoria del protagonista, un avvocato conosciuto ed apprezzato nel foro di Parigi. Questi si confessa, confessa la sua relazione, per certi versi morbosa, extraconiugale con una ragazza. Questa si è presentata improvvisamente nel suo studio chiedendo di essere difesa in giudizio in quanto accusata di una rapina. Anche qui i personaggi, seppur apparentemente estranei, sono legati l'uno all'altro e diventano, infine, creazioni reciproche. Cosa sarebbe la giovane amante senza il suo avvocato-amante-benefattore? E cosa sarebbe l'avvocato-adultero senza la moglie che lo ha introdotto nella professione? Domande che si susseguono nel corso del romanzo-memoriale.(cfr. Simenon, 1999)

Simenon, uno degli autori più tradotti al mondo, non solo narra della quotidianità con i registri propri della quotidianità, ma di questa realtà, come si è visto, non sembra mai dimenticare la fondante valenza relazionale. I suoi punti di osservazioni preferiti sono i luoghi pubblici, le strade, i locali, i bar. In questi luoghi raramente si scorge l'individuo isolato. I ruoli lasciano sempre spazio alla descrizione dei personaggi che si animano in rapporto al microcosmo oggetto delle narrazione, nessuno sforzo di memoria per i suoi lettori, pochi interpreti bastano a descrivere l'ambiente. Il genio del narratore fa il resto.

Bibliografia minima:
-de Fallois, Bernard (a cura di) Simenon, Feltrinelli, 1962, pag. 216
-Geo, Le monde de Georges Simenon, n. 69, novembre 1984
-Lacassin, Francis, "Tenir ses personnages à bout des bras, c'est épuisant". Intervista con Georges Simenon in Magazine Littéraire, n. 107 dicembre 1975. La traduzione è nostra.
-Leyens Jacques-Philippe, Sommes nous tous des psychologues?, Mardaga, 1995
-Mercier, Paul, Maigret: Mode d'emploi, Essai Cefal, 2008
-Georges Simenon, Trois chambre a Manhattan, le livre de poche, 2003
-Georges Simenon, En cas de malheur, le livre de poche, 1999
-Georges Simenon, Maigret a New York, 2000, 8° ed
-Georges Simenon , Il Treno, Adelphi, 2008, 3° ed.
-Georges Simenon, Il Presidente, Adephi, 2007, 2° ed.

LA DANZATRICE DEL VENTRE

Oggi sono fuggito con una danzatrice del ventre.

All'inizio non lo sapevo, credevo fosse una donna normale. Era in auto e mi ha fatto cenno di salire. Solo quando mi sono seduto al suo fianco, ho notato com'era vestita. Una danzatrice in piena regola. Mi ha detto di essere un'impiegata del catasto, ma non le ho creduto, era una danzatrice, non poteva negarlo. In auto, lungo la strada, continuava a parlarmi di trascrizioni immobiliari e di mappe catastali. Le ho sorriso. Lei andava veloce. Fingevamo entrambi. Come Sempre.

PINOCCHIO. LA NECESSARIA METAMORFOSI DELL'IDENTITÁ

Si è detto tanto sulla fiaba di Pinocchio. Tanto che, se Collodi potesse dire la sua, molto probabilmente stravolgerebbe tutte le nostre congetture ed ipotesi. Il mondo mitico fiabesco introdotto, quasi sempre e costantemente dal *"c'era una volta"*, ci induce però, come tutti i miti, a nuove suggestioni prodotte dal mito stesso. Un continuo rinvenire sulla narrazione che ci appare sempre piena di nuovi significati. Dunque, perché sottrarsi a questa pratica che è insita nella natura stessa di questo tipo di racconti? Pinocchio, in fondo, è il simbolo della precarietà, dell'incertezza.

Una creatura nuova ed informe, nata da un legno che contiene qualcosa e che, al suo interno, può contenere altro. E così via, fino alla trasformazione, per eccellenza e definitiva, in essere umano. Il protagonista, come è noto, è all'inizio solo un pezzo di legno destinato ad ardere in qualche camino, mastro Geppetto però desidera tanto farne un burattino. Dal momento in cui questo ceppo passa nelle mani di Geppetto esso si anima, diviene essere semovente fino ad avere una propria autonomia ed una propria coscienza. Ma non basta, Pinocchio è un burattino ma fa le stesse cose che fanno molti bambini della sua età: marina la scuola, vuole divertirsi, come tutti. Nelle fiabe, si sa, tutto può accedere, ma a questo punto che Collodi sembra creare un'apparente contraddizione: Pinocchio è un burattino, ma lo è esternamente. Collodi evidentemente parla a quei coetanei del suo personaggio, bambini veri ma burattini dentro, quelli che ascoltano i cattivi maestri ed i cattivi consigli. Automi etero diretti, non individui. Pinocchio appare, quindi, il negativo di un bambino della sua età e le sue vicissitudini non sono altro che la storia di un lenta reversione. Il vero bivio del suo mutamento, della sua metamorfosi è al paese dei balocchi. Qui il rischio è che la trasformazione diventi irreversibile, tanto è vero che il suo cattivo compagno, Lucignolo, diventa ciuchino per sempre, condannato a lavorare e a morire di stenti. I bambini veri, ma senza coscienza, vengono tramutati in ciuchini, il burattino-bambino, che finalmente accetta ed acquisisce le necessarie qualità morali, può diventare, invece e finalmente, un umano.

È una fiaba in cui regna sovrana l'incertezza, mutano costantemente gli scenari ed i personaggi, è un mondo in continua metamorfosi. Anche Geppetto, la Fata, il Grillo appaiono e scompaiono nella narrazione. L'identità del bambino Pinocchio si costruisce in questo lungo viaggio di continue trasformazioni e somatizzazioni, come il naso che si allunga in occasione delle bugie. In Pinocchio questa metamorfosi è guidata o contrastata anche da altri umani-animali con funzioni differenti ed a volte antitetiche. Il compito dei personaggi presenti nel capolavoro di Collodi sembrerebbe, infatti, essere quello di allontanare o avvicinare il burattino alla sua naturale vocazione di diventare il figlio in carne ed ossa di mastro Geppetto. E lo potrà diventare solo se, liberamente, sceglierà di divenire un ragazzo a modo. Le forze in campo nel racconto appaiono partorite, in fin dei conti, dallo stesso desiderio del falegname che, nelle pagine iniziali del libro, dà un soffio vitale al pezzo di legno scartato da Mastro Ciliegia. In buona sostanza si potrebbe dire che, il racconto di Collodi non è altro che l'avverarsi del desiderio paterno di Geppetto (leggi in proposito , in questa raccolta, il capitolo su Pigmalione).

Notevoli sono inoltre le analogie di questo fortunato racconto con le scritture bibliche. Pinocchio e il padre (non naturale ma creatore, che modella il burattino dal legno) dovranno infatti trascorre, per espiare la colpa originaria e completare questa trasformazione, un periodo della loro esistenza nel ventre di un pescecane. Qui il riferimento alla Bibbia, in particolare al libro di Giona, appare molto esplicito. Giona , infatti , nel racconto biblico rifiuta l'ordine del Signore di andare a Ninive e s'imbarca invece per Tarsis. Ma la nave su cui è salito rischia di essere sommersa da una tempesta, i marinai riconoscono in lui il portatore della colpa, la causa di una possibile fine anticipata e tragica del viaggio, e lo gettano in mare. Qui Giona viene inghiottito da un grosso pesce, nel ventre del quale permane per tre giorni e tre notti. Ed è solo grazie al riconoscimento della volontà divina ed alla preghiera a Dio che viene restituito alla luce dove continuerà la sua missione.

Nei casi di Pinocchio e Giona è la disubbidienza alle regole, alla volontà esterna, a dominare la trama. Il lettore si sente legato ad essa fin quando la causa evidente si manifesta anche al protagonista, in modo da condurlo verso il naturale esito della volontà superiore. Esito che è possibile realizzare solo quando le regole infrante vengono riconosciute ed interiorizzate. La metamorfosi sembra essere condizione necessaria per adempiere alla volontà, familiare e sociale, di normalità..

Si tratta, però, di una metamorfosi ibrida, non naturale. Ci troviamo evidentemente di fronte ad un meccanismo, non solo letterario in senso stretto, che lascia perplessi, in primo luogo i lettori. L'ibridazione della metamorfosi mette in moto meccanismi metatestuali e metaletterari proponendo al lettore una visione altra, oserei dire assurda e scarsamente prevedibile dei fatti narrati. Quella della metamorfosi appare, in questi esempi, sempre più la metafora del lungo percorso dell'individuo nella costruzione della sua identità. La desiderata metamorfosi diviene così, e Pinocchio in primis sembra confermarlo in quanto letteratura destinata tradizionalmente all'infanzia, la conferma che è sempre il contesto sociale a giudicare il risultato prodotto di qualsiasi affermazione dell'essere sociale. La metamorfosi, seguendo il ragionamento di Zygmunt Bauman, è anche la metamorfosi di una modernità in cui le condizioni nelle quali opera l'individuo, e le strategie formulate in risposta a tali condizioni, invecchiano rapidamente, diventano obsolete prima che gli attori abbiano avuto una qualche possibilità di apprenderle correttamente. Il problema identitario e della sua mutabilità, reversibilità, appare, non solo in letteratura, un tema centrale e di difficile soluzione. Per Bauman l'idea di "identità" è nata dalla crisi dell'appartenenza e dallo sforzo che essa ha innescato per colmare il divario tra "ciò che dovrebbe essere" e " ciò che è", ed elevare la realtà ai parametri fissati dall'idea, per rifare la realtà a somiglianza dell'idea.

Nella modernità fluida – per concludere riassumendo il ragionamento del sociologo polacco – i riferimenti per la costruzione della nostra identità non sono stabili e noi li inseguiamo, per raggiungerli anche se solo per un momento. Ma una volta raggiunti, non essendo conveniente e utile una loro fissità, ce ne sbarazziamo il prima possibile.

L'individuo appare, così, impegnato in una continua metamorfosi, necessaria per non restare indietro in questa corsa incessante.

Bibliografia minima

-Bauman, Zygmunt, Intervista sull'identità, a cura di Benedetto Vecchi, Laterza, 2003;
-Bauman, Zygmunt, Vita liquida, Laterza, 2008;
-Berger, P.L., Luckmann, T., La realtà come costruzione sociale, Il Mulino, 1969;
-Brevetto, Gianfranco, Mosche! Letteratura, metamorfosi, presentimento, Aracne, 2008;
-Pecchinenda, Gianfranco, Homunculus, Sociologia dell'identità ed autonarrazione, Liguori, 2008

SINCOPE

Stamane mi sono guardato allo specchio. Mi riflettevo a mezzo busto. Avevo appena terminato di lavarmi i denti e, con un sorriso forzato, cercavo di verificare l'esito della spazzolatura. Avrei potuto fare di meglio. Poi, abbassando di poco gli occhi, ho notato, come se non l'avessi mai fatto prima, il collo e le spalle. Quella persona ero io senza ombra di dubbio, eppure mi apparivo estraneo e provavo fastidio nel continuare a guardarmi. Ho abbassato gli occhi e sono tornato alle azioni che ogni giorno ripetevo dinnanzi allo specchio. Mi riconoscevo solo in quei gesti, solo nella quotidianità. Se mi fermavo, mi sembravo lontano.

ALICE. LA METAMORFOSI DEL SENSO

Per molti, in particolar modo per i più giovani, il racconto di Alice nel paese delle meraviglie è legato al cartone animato di Walt Disney degli inizi degli anni '50. Si tratta, come nel caso di tanti racconti per l'infanzia, di un sostanziale rifacimento dell'originale narrazione di Lewis Carroll. La versione cinematografica animata di Alice ripercorre, però, con maggiore fedeltà il racconto originario più di quanto, per esempio, sia successo con Pinocchio ed altre favole celebri.

Il merito di Disney, e dell' adattamento successivo alla versione italiana, è quello di una divulgazione e, in un certo senso volgarizzazione, di un testo narrativo non sempre facile. Mi riferisco anche agli innumerevoli problemi di traduzione dall'originale inglese. Problemi spesso non sempre risolvibili, legati a giochi di parole e di senso, contenuti nell'originale ed apprezzabili, nella loro interezza, da pochi esperti.

Vero è che il racconto della bambina caduta nella tana di un coniglio, sia nella versione cinematografica che in quella tradizionale, risulta un costrutto complesso di difficile interpretazione, legato indissolubilmente alla personalità del suo autore, alle caratteristiche del personaggio principale ed all'epoca in cui è stato redatto.

Charles Lutwidge Dodgson, questo il vero nome di Lewis Carroll, nasce nel Cheshire inglese nel 1832, il padre è un curato anglicano. È il terzo di undici figli di una famiglia senza grandi difficoltà economiche. La bibliografia corrente vuole, che Charles dedicasse gran parte delle sua giovinezza al gioco e al divertimento dei suoi fratelli più piccoli. Si distingue al College come studente particolarmente meritevole e anche lui, come accadeva per altri in quel periodo, per varie opportunità scolastiche, viene avviato alla vita ecclesiastica.

Ad Oxford, quindi, al Christ Church College, completa con successo gli studi divenendo successivamente, presso lo stesso istituto, insegnante di matematica. E' qui che incontra la famiglia Liddell, quella del nuovo decano del College. Sempre ad Oxford si interessa particolarmente di fotografia ed inizia ad utilizzare il suo pseudonimo per la collaborazione alla rivista The Train. Ma soprattutto sono le frequenti visite alla famiglia Liddell a decidere la sua fama di futuro scrittore.

All'epoca Henry George Liddell è padre di tre bambine Charlotte , Edith e Alice, con le quali, Charles, passa molto del suo tempo impegnato in gite e giochi sempre nuovi e affascinanti agli occhi delle tre. Durante una di questa gite in barca sul fiume, il 4 luglio 1862, si dice sia nato il racconto di *Alice's Adventures Under Ground*. Sembrerebbe, poi, che sia stata proprio Alice Liddell, che all'epoca aveva 10 anni, a chiedere successivamente all'amico di giochi, Charles, di metterne per iscritto il testo. Il testo definitivo *Alice's Adventures in Wonderland* venne pubblicato nel 1865 corredato, così come richiesto dalla bambina, di disegni originali, per l'occasione del caricaturista John Tenniel. Il successo fu immediato e completato una decina di anni dopo (1871) da una sorta di secondo episodio *Through the Looking-Glass, and what Alice Found There.*

Dei due libri qui citati di Carroll è soprattutto il primo, proprio per la sua notorietà, ad avere costituito fonte per numerosi scritti critici nei quali, insieme alla evidente eccezionalità del racconto, sembrerebbe emergere un rapporto non sempre limpido dell'autore con la stessa Alice. Una bambina la cui esistenza intera è stata, poi, segnata dal fatto di essere divenuta protagonista di una racconto fantastico e di successo.

Alice che era nata nel 1852, ebbe una vita per certi versi travagliata e morì nel 1934. I suoi ultimi anni di vita furono contrassegnati da difficoltà economiche che pare poté superare, ironia della sorte, proprio grazie alla vendita del manoscritto originale del libro che Dodgson le aveva regalato nel 1864.

Si è detto e scritto tanto, come si accennava, dei rapporti tra i due. Le insinuazioni, più o meno esplicite ma anche talvolta molto caute, su di una sorta di sentimento morboso di Charles verso questa bambina, vengono messe in relazione con l'altro interesse di questi per la fotografia. Molto del materiale fotografico, di ottima qualità per l'epoca, che ci ha lasciato Dodgson ritrae, infatti, bambine. Forse, ancor oggi, questo aspetto di presunta ambiguità contribuisce ad aumentare lo spettro interpretativo dell'opera di Charles Dodgson.

Ricordiamo che questo autore ha dato vita, parallelamente alla produzione di stampo letterario, anche ad opere di carattere squisitamente scientifico. Nel campo della logica matematica ricordiamo *The Fifth Book of Euclid Proved Algebraically* (1858) libro ideato e scritto come strumento didattico, *General List of Mathematical Subject, and Cycle of Working Examples* (1863), *Symbolic Logic* (1896), ovvero opere che uniscono la logica matematica stessa ad aspetti letterari come *A Tangled Tale* (1885).

La vita e l'opera di Lewis Carroll, il creatore di Alice, si collocano pienamente all'interno di quella che viene definita l'età vittoriana, cioè di quel lunghissimo periodo (dal 1837 al 1901) di regno della regina Vittoria, per l'appunto. Un periodo di crescita economica e coloniale, di prosperità ma anche di profonda crisi sociale e culturale, dovuta alla crescente miseria e sfruttamento delle classi lavoratrici. Un periodo di stabilità comunque, garantito da un patto non scritto, il cosiddetto compromesso vittoriano, che si basava sostanzialmente sulle primi timidi tentativi di stato sociale. Interventi tesi soprattutto a mantenere lo status quo necessario a garantire gli investimenti e a favorire l'industria. Siamo in anni di profonda rivoluzione culturale anche nelle arti e nella letteratura. Per esempio, grazie ai progressi della meccanica, nasce un genere tutto nuovo, ma che avrebbe fatto successivamente scuola, come lo *steampunk*.

E' l'epoca del fiorire delle teorie darwiniane sull'evoluzione della specie, il positivismo s'impone, la tecnica e l'evoluzione scientifica sembrano divenire le chiavi per il progresso. Il progresso stesso, infatti, è un concetto sostanzialmente nato col positivismo. Nuovi paradigmi s'impongono, necessari per l'interpretazione di un mondo che sembra tutto proiettato in un futuro di crescita e di stabilità.

Anche in campo letterario, come si diceva, vi sono rilevanti novità nel regno d'oltremanica, che portano i nomi di autori come Dickens ed Eliot. Anche grazie a loro il romanzo, che diventa anche lui vittoriano, si arricchisce di contenuti che sono morali, sociali, psicologici, filosofici.

Un'epoca di profonde contraddizioni, soprattutto sociali e morali, di sostanziale antitesi e fusione tra prospettive teologiche e teleologiche. La crescita urbana si lega ai fenomeni di industrializzazione, la cultura contadina segna il passo di fronte al peso economico e sociale della città.

Questo è, appena abbozzato, il quadro in cui si muove Carroll. Questi, stando alle notizie biografiche, risulta essere un personaggio molto timido, con problemi di balbuzie, tanto che le sue piccole amiche lo chiamano confidenzialmente Dodo, per sottolineare i problemi che aveva a pronunciare l'inizio del suo cognome, Dodgson. Dodo, proprio come l'uccello estinto che appare nella favola di Alice nel pese delle meraviglie insieme ad altre strane creature e come, l'attualità ce lo impone, il nome del protagonista-pupazzo televisivo de *l'Albero Azzurro*. Programma a cui contribuisce un importante autore per l'infanzia italiano, Roberto Piumini.

Forse fu lo stesso sentimento di timidezza che indusse il padre del racconto di Alice a mascherare il suo nome con uno pseudonimo, in cui Lutwidge si è trasformato in Lewis e Charles in Carroll.

Il mascherarsi, nascondersi, trascendere, capovolgere, secondo Masolino D'Amico, potrebbero essere una delle chiavi di lettura della sua opera.

"Alla base [...] dei capolavori di Lewis Carroll c'è un capovolgimento: Alice nel paese delle meraviglie è un sogno (la

vita rovesciata), e si svolge sottoterra, in una sorta di antipodi; [...] Attraverso lo specchio [...] contiene come ognun sa l'apoteosi di tale tendenza, con la protagonista che valicando la soglia dello specchio si trova in un mondo puntigliosamente invertito in ogni particolare.[...]

Mascherandosi, ovvero capovolgendosi come Lewis Carroll, Dodgson avrebbe quindi sfrenatamente contestato quel mondo perfettamente coerente e organizzato che la sua identità ufficiale accettava senza obbiezioni [...]"

Come non vedere in queste righe di commento uno spirito tutto intriso delle contraddizioni dell'epoca vittoriana? Il serio docente di matematica che si immerge nel nonsense narrativo, che tende a sabotare – sempre seguendo il ragionamento di D'amico - le regole del linguaggio e delle altre entità fondamentali di stabilità del sistema come le scienze esatte.

"[...] Le autorità sono messe in ridicolo, e quella suprema, Dio, non viene neppure nominata. Come succede a (N.d.A.) [...] tutto un patrimonio culturale sano, consegnato ai bambini nella nursery perché li aiuti a crescere buoni e saggi"

Di tutto questo, Carroll, si fa beffe e ci introduce in mondi in cui regna il "disordine, la violenza , il capriccio". Un vorticoso incrociarsi di personaggi e linguaggi che danno un senso di fastidio al lettore ed allo spettatore, come nel caso del capolavoro di Disney. Un senso di malessere che prescinde dall'età dello spettatore stesso. Il disordine , il capriccio e l'imprevedibilità dei personaggi ci mettono in difficoltà. Tutto si muove vorticosamente intorno ad Alice, che al contrario della fiaba collodiana di Pinocchio, resta pressoché immobile ed assiste anche lei incredula, ma curiosa, all'apparire di esseri, dalla forme, dai comportamenti e dai linguaggi di difficile comprensione ed interpretazione.

Più si approfondisce l'opera di Lewis Carroll più è evidente la sensazione di sprofondare in un enorme buco, forse lo stesso nel quale è caduta Alice rincorrendo il coniglio. Come accade in *The Hunting of the Snark* (1874), un poemetto solo apparentemente frivolo e leggero. Lo Snark è un essere inventato da Carroll, molto probabilmente nato dall'unione di due nomi di animali shark (squalo) e snake (serpente). Il componimento narra di una strana e mal assortita combriccola di personaggi che parte alla ricerca di questo misterioso animale avvalendosi di una mappa, che risulta essere un foglio completamente bianco. Alla fine invece dello Snark trovano un Boojum (anche questo nome di fantasia) con il risultato che chi l'ha trovato, e si è ingannato, sparisce. A farne le spese, nel caso specifico, è un fornaio che sapeva fare solo torte nuziali.

The Hunting of the Snark s'impone come un capolavoro del nonsense che possiede, al suo interno, molti dei temi linguistici e letterari presenti nell'opera di Carroll. Occorre precisare che, però , il nonsense in questo autore, e quello inglese in generale, ha sue specifiche caratteristiche. Queste, come ci fa notare Laura Draghi Salvadori, sembrano legare, nel caso di brevi componimenti poetici, *"la perfezione ritmica alla stranezza delle assonanze". Ma anche che "il senso appare suggerito dalla rima invece che la rima dal senso".* L'effetto di questi *limeriks* è quello di lasciare interdetto il lettore. O ancora precisa meglio la Draghi Salvadori, citando anche altri autori, *" il loro nonsense non è nulla di puramente negativo, ma sta in quel celestiale facile stato che si trova in bilico tra quel che ha senso e quel che non ne ha. E cioè, c'è in queste cose una specie di vuoto dove invece dovrebbe esserci il senso".*

Ma il nonsense è anche condito di *jokes*, cioè bisticci e giochi di parole, frequenti, ed oseremo dire essenziali, in tutta l'opera di Lewis Carroll. Questi accenni ci danno anche la sensazione dello sforzo traduttivo che ha comportato l'opera di quest'autore, non solo in italiano. Solo per esemplificare, se ci limitiamo alla traduzione dei nomi dei personaggi nei due racconti di Alice, in breve dovremmo ammettere che non possiamo procedere ad una lettura comparata delle varie traduzioni senza annotarci di volta in volta a quali personaggi corrispondono i vari nomi.

L' assenza di punti di riferimento mette il lettore in una posizione di incertezza continua, ci si sente nella stessa condizione dei cacciatori dello Snark, muniti di questa enorme carta geografica che rappresentava solo il mare, senza il minimo cenno di terra. *"... ma la ciurma fu contentissima quando scoperse/ Che era una mappa che tutti potevano capire"*, dove i punti cardinali *"sono segni puramente convenzionali"* e che la stessa appariva la migliore in quanto *"di un bianco perfetto, assoluto"*.

Ma, attenzione, in Carroll il nonsense non è mai un gioco fine a sé stesso, esso nasconde, sotto l'apparenza linguistica, l'apertura su di un ventaglio di significati ed interpretazioni. L'autore infatti non si limita solo all'ambiguità, ma va oltre, le sue storie non sono evidentemente solo fantasticherie. Il fatto di situarsi sul limite tra il senso e ciò che non lo è più, fa che il senso stesso muti e sia, spesso, alla mercé dei personaggi delle sue storie.

Prendiamo l'episodio di *Humpty Dumpty* in *Oltre lo specchio* (si ritiene di dover mantenere il nome originale inglese perché nelle varie traduzioni italiane troverete, tra l'altro, Bindolo Rondolo, Tappo Tombo, ecc.). Quando Alice lo incontra appollaiato su di un muretto e gli dice il suo nome, Humpty Dumpty le risponde che è un nome stupido e che i nomi devono avere un significato. *"Ma un nome deve avere un significato?"*, gli chiede Alice. E lui: *"E' naturale che deve averlo il mio nome indica la forma che ho...ed è proprio una bella forma, anche. Con un nome come il tuo, dovresti non avere forma"*.

Il lettore si trova evidentemente spiazzato di fronte a questi dialoghi, sorride, proprio perché non ci troviamo di fronte alla mancanza del senso ma d'innanzi ad un sua traslazione, mutazione, metamorfosi. Lentamente Carroll ci conduce (e ci induce) in altri capovolgimenti e traslazioni come quando Humpty sostiene che festeggiare i non-compleanni è più conveniente perché ve ne sono 364 in più in un anno. Ed infine sul significato delle parole. Quanti significati ha una parola e chi decide quale sia il significato? Chiede Alice. La risposta di Humpty Dumpty è decisa: chi è il padrone della parole decide del loro significato.

Al lettore, insomma, come per i ricercatori dello Snark, non resta che affidarsi ad un'enorme mappa bianca, la stessa che Carroll ci ha lasciato in eredità.

Bibliografia minima

- Lewis Carroll. Le avventure di Alice nel paese delle meraviglie e Al di là dello specchio. Einaudi
- Lewis Carroll. Cara Alice... , Einaudi
- Laura Draghi Salvadori, Lewis Carroll, Le Monnier

CIRCOSTANZE

Speravo che almeno in quell'occasione non avrebbero fatto commenti. Che si sarebbero limitati ad una visita di cortesia. Una preghiera, un gesto col capo. Le persone che credono di aver diritto all'ultima parola mi avevano, da sempre, infastidito. Soprattutto quelle sempre munite delle rispostine, quelle fastidiose provocazioni che si lanciano credendo di aver ragione per il solo fatto di parlare per ultimi: quelle frasi dette fra i denti, quasi sibilate. Ora, in quella circostanza, non le avrei tollerate. Ero morto ed ero l'unico che sapeva di esserlo, essendo l'unico, tra i vivi presenti, a non esserlo più. Ma ero fermo ed esposto a tutti. A parte questo particolare, in verità mi rammaricavo di due circostanze: la prima di non aver pensato a pronunciare io, quando ero ancora un io, ultime frasi o parole: sì insomma, di quelle che vengono sicuramente ricordate, quelle che sono a metà tra epitaffi e citazioni. L'altra è che, tra la piccola folla presente, cercavo Marta, speravo che si fosse ricordata di me. Eppure una volta l'avevo baciata. Bah!

I MITI.   LE MODERNE AUTOSTRADE DEL SENSO

Cosa è un mito? Chiariamo subito che molto probabilmente non esiste una risposta. O meglio non esiste una risposta generalmente condivisa anche dagli esperti in materia. Parlare di miti, nella nostra quotidianità, ci richiama ad aspetti legati a personaggi illustri dello spettacolo o dello sport, meglio se vissuti nel recente passato e magari anche deceduti in età non molto avanzata. Formuliamo un'altra domanda, l'ultima per non annoiare, cosa significa parlare, oggi, di miti? O meglio, e più pragmaticamente, ci è utile farlo?

Impostato l'argomento in questi termini è d'obbligo, come si suol dire, fare un passo indietro. In primo luogo occorre ammettere che la parola mito porta con sé una sufficiente dose di equivocità. Nel passato, è stato inteso sia come racconto, favola, finzione, che come un fatto reale, vero ma in un certo senso significativo, perché dotato di una certa sacralità o esemplarità. Nell'antica Grecia si distingueva il *logos*, in buona sostanza il linguaggio destinato al ragionamento ed alle scienze, dal *mythos* cioè quelle cose che non appaiono accadute realmente. A quei tempi era chiara la necessità di distinguere tra la vera e la falsa storia.

Anche ai nostri giorni, complice l'ambiguità in cui appare immersa la modernità, il vero e il falso si ritrovano mescolati e, più o meno in modo artificioso, risistemati in molte delle antiche ed attuali credenze. Nelle società arcaiche i miti si coagulavano per lo più intorno al ritorno alle origini, servivano, cioè, a definire un momento fondante della nascita delle comunità. Il mito, oggi, non è solo la sopravvivenza di questi aspetti. Secondo alcuni studiosi, ci troviamo di fronte a delle vere e proprie mitologie moderne. In tempi più o meno recenti il problema del mito si è posto soprattutto al fine di nobilitare le origini di gruppi e società. Gli stati nazione del secolo scorso apparivano tutti legati, in qualche modo, al riferimento a grandezze e glorie passate, come, per esempio, l'antica Roma. Il mito, soprattutto in campo politico viene, ancora oggi, spesso legato ad una particolare visione fondante della storia di un gruppo sociale emergente. Ed ancora, la nascita ed il consolidamento dei singoli miti familiari, legati alla storia della stirpe, alla narrazione delle vicende del passato, pensiamo al ruolo dei nonni. Per arrivare alla vita di coppia, molto spesso rinforzata o rivivificata proprio grazie ad un costante riferimento alla storia comune dei due o ad un tempo passato nel quale, in qualche luogo ed in qualche momento, ci si è davvero amati.

E quando, anche sforzandosi, un momento mitologico non si riesce a trovare? Allora lo si può inventare. Trovare un evento, più o meno reale nel passato, da cui tutto sembra essere iniziato, ha la funzione di rendere possibile una lettura diversa, perché legata ad un senso diverso, del presente.

Ma i miti oltre che al passato, possono far riferimento al presente o al futuro. Prendiamo il caso, per esempio, delle opere d'arte. Queste si dice che, se non risultano comprensibili ai più , è solo perché sono destinate a pochi iniziati. Questo accade anche nel caso di molti eventi culturali che, pur apparentemente vuoti di significato, ci inducono a pensare che un significato ci sia ma, che questo è a noi negato in forza della nostra impreparazione o ignoranza. Nel caso delle creazione di miti futuri (storicamente ne fanno parte tutti i movimenti millenaristi), la loro funzione è quella di tenere serrate le fila di un gruppo in attesa di un evento spesso d'improbabile realizzazione.

Dunque, ed è questo che spinge alcuni autori a pensare che il pensiero mitico sia uno degli elementi costitutivi dell'essere umano, in tutti questi casi, noi sembriamo funzionare da veri e propri produttori di senso, anche se questo apparentemente non c'è o sembra sfuggirci.

Per chiarire, si tratterebbe di un processo molto simile alla funzione di completamento automatico, nota particolarmente agli utilizzatori dei motori di ricerca sul web.

Veniamo, in ultimo, ai nostri giorni. Le cronache si compiacciono sempre più di veri o presunti scandali. In questa drammatizzazione della realtà, figure reali vengono associate e ruoli e figure codificate ovvero di nuova introduzione. Basti pensare al fatto che il linguaggio comune si è recentemente appropriato di parole come trans, escorts e via aggiungendo. Se seguiamo il ragionamento di Roland Barthes, anche lo scandalo è uno mito moderno, *"il suo principio e la sua fine è la complessità. La funzione dello scandalo è quella di essere uno spettacolo del mistero, l'intrigo è allo stesso tempo l'essenza e la forma che ne giustificano la notorietà. Dal punto di vista del mito, qui tutto è indifferente al raggiungimento delle verità o di una conclusione, conta solo lo spessore della matassa".*

In ultimo, la radice greca della parola *mythos* molto probabilmente significa emettere un suono, muggire. Il fascino del mito forse sta proprio nell'incertezza e nell'ambiguità della percezione e della comprensione dei suoi significati. Il mito, come suono indecifrabile, trascende la realtà storica, aprendo la porta, a torto o a ragione, alla nascita del senso ed alla possibilità, forse insita nell'uomo, di dare una spiegazione, comunque ed a qualsiasi costo, alla realtà che lo circonda.

Bibliografia minima

- Roland Barthes, Miti d'oggi, Einaudi
- Mircea Eliade, Aspects du mythe, Gallimard
- Umberto Galimberti, I miti del nostro tempo, Feltrinelli

CANI

Sono molto socievole. Ricerco le altre persone. Ho un interesse smisurato per l'essere umano. Per questo oggi sono andato al parco. Volevo fare due chiacchiere, scambiare opinioni. Per questo mi sono seduto su di una panchina, cercavo d'incrociare gli sguardi di altri individui con i miei stessi interessi. Il parco era vuoto. Ho atteso una mezz'ora. Nessuno. Infine ho visto una coda muoversi dall'altra estremità del giardino e, dopo qualche secondo, mi sono accorto che, quella coda di peli arruffati, apparteneva ad un cane. Un cane piccolo e peloso che si è avvicinato a me, mi ha guardato, ha odorato le mie scarpe, ha fatto un giro della panchina. L'ho seguito, per un attimo ho avuto l'impeto di rivolgergli la parola. Vi confesso che l'ho fatto. Anzi, gli stavo tranquillamente parlando della diversa quanto interessante prospettiva di un'ipotetica narrazione animale, quando è arrivato il padrone. Ignorandomi l'ha portato via.

VIVERE LA QUOTIDIANA FAVOLA DELLA NOSTRA ESISTENZA

L'occasione ci è data da un recente libro tradotto in italiano. *Sono stata Alice* dell'americana Melanie Benjamin, è apparso in libreria in straordinaria concomitanza di tempi, e di marketing, con l'uscita nelle sale cinematografiche di *Alice in Wonderland* di Tim Burton.

Fingiamo di non accorgersi di questa coincidenza per ritornare su di un tema che ci sta a cuore e che per certi versi viene messo in risalto dal libro della Benjamin. Sono stata Alice è in effetti la ricostruzione romanzata della vita di Alice Pleasance Liddell, cioè la bambina a cui Lewis Carroll s'ispirò per la celeberrima fiaba.

Intenzione dichiarata della Benjamin, la cui casa editrice d'oltreoceano ha già ceduto i diritti per la pubblicazione e traduzione a nove paesi prevalentemente europei, è quella d'ispirarsi, anche per il prosieguo delle sua produzione, al filone delle *stories behind the stories*.

Nel predisporci, nel prosieguo delle nostra argomentazione, ad affrontare l'ennesimo cortocircuito di stampo carolliano, procediamo per piccoli passi.

Nel nostro caso, quindi, Alice Liddell, la bimba reale vissuta in piena epoca vittoriana, diventa oggetto narrato ed inserito nella trama sviluppata da Carroll. Poi, la Benjamin, terzo soggetto, ricostruisce, a distanza temporale, la storia di Alice Liddell, e la narra a sua volta.

Mancherebbe, a questo punto, in questo strano destino simile alle scatole cinesi e alla Matrioška russa, di conoscere proprio il punto di vista di Alice Liddell in persona, la quale, a sua volta, avrà raccontato e scritto di sé e della propria vita quotidiana. Parafrasando Alice nel paese delle meraviglie sembrerebbe che il destino vero di Alice Liddell sia stato, e sia, quello di continuare a cadere, non tanto nella tana dei conigli, quanto in quella dei racconti altrui. Si tratta di una sorte esclusiva, e per certi versi fortunata, riservata ad Alice Liddell?

Viviamo nella realtà che ci circonda. Questo è chiaro. Oserei dire che nessuno lo potrebbe mettere in dubbio. Ciò che invece pone dei quesiti seri, e non di facile risposta, è individuare, e soprattutto definire, i due termini di questa convivenza sui generis: noi e la realtà. Non verrebbe voglia di inoltrarci in questi ragionamenti se non fosse per il fatto che forse uno dei nodi centrali della nostra quotidianità, il problema identitario, insiste intorno a questo rapporto.

Certo è che noi viviamo sostanzialmente bombardati da notizie che ci pervengono nei modi più disparati, dai racconti di eventi che altri ci fanno e non ultimo dal racconto, soprattutto interiore, che noi facciamo del nostro quotidiano. Tutta una serie d'informazioni che devono essere messe in relazione tra loro. In un certo modo ordinate, temporalmente e logicamente, conservando alcune informazioni e tralasciandone altre. Ed è proprio in questa quotidiana operazione di ricordi e oblio che sicuramente si costruisce il nostro sé, non solo quello che rappresentiamo,e dal quale siamo rappresentati, ma anche quello che narriamo, e che narriamo a noi stessi.

Riprendendo la notizia iniziale, è quest'ultimo l'anello della catena mancante, il punto di vista Alice Liddell in persona. Ma anche, se per assurdo, ne avessimo conoscenza, questo non sarebbe stato altro che il frutto di una complessa elaborazione e selezione da parte di Alice Liddell stessa. Questo racconto sarebbe stato letto da noi. Noi lo avremmo mescolato con l'idea che ci eravamo fatti di questa bambina dalla lettura delle fiaba. Quanto al racconto fantastico di Carroll, questo non esprime altro, per i nostri scopi contingenti, di come questi ha immaginato, in una sua propria, e forse autonoma, elaborazione la Alice di cui prima.

Infine, a più di un secolo di distanza, arriva il racconto della Benjamin che, si pone nei panni di Alice, per raccontare, in un'altra operazione di elaborazione e selezione, cosa avrebbe significato, sempre per Alice, essere stata raccontata da Carroll. Più che di *stories behind the stories*, si tratta di *stories into the stories* o ancora di *stories vs. stories*.

Ma, in tutto questo, che fine ha fatto Alice, quella reale? E irrimediabilmente scomparsa in questa matassa di auto ed etero narrazioni? Possiamo dar ragione a Bernardo di Morlay, che però si riferiva alla rosa, sostenendo che l'Alice originaria esiste solo nel nome?

A pensarci bene, anche noi siamo coinvolti quotidianamente in questa organizzazione-raffrontro-scontro-mediazione tra quello che ci raccontiamo, che raccontiamo di noi stessi, e quello che gli altri, presi singolarmente, raccontano di noi.

E se la nostra identità fosse proprio questa ingombrante matassa?

Bibliografia Minima

- Marc Augé. Les formes de l'oubli, Payot. 1998
- Melanie Benjamin, Sono stata Alice, Fazi Editore 2010
- Gianfranco Brevetto, Ghost Track, Aracne, 2009
-Gianfranco Pecchinenda, Homunculus, sociologia dell'identità ed autonarrazione, Liguori , 2008

TOUBIB

Oggi sono andato dal medico. Sarebbe meglio dire che ho trovato il coraggio di andarci. Fino ad ora ho goduto di buona salute e, di solito, ho sempre rifuggito la malattia senza mai compiacermi dei miei piccoli ed occasionali malesseri. Anzi, se posso permettermi una confidenza, ho sempre guardato con sospetto, ed una certa punta d'insofferenza, a quelle persone che fanno della patologia, spesso presunta o temuta, la normalità.

Dicevo, oggi sono stato dal medico. In sala di attesa mi è capitato d'incontrare una conoscente che, approfittando del tempo da trascorrere forzatamente insieme, mi ha raccontato, con tutti i particolari, dei suoi mali. Questa persona non mi era risultata simpatica nemmeno in precedenza, ma l'ho ascoltata attentamente. I sintomi erano vari, spesso contraddittori. Si è poi infilata nello studio del medico. Ne è uscita dopo circa mezz'ora. Ha incrociato il mio sguardo sussurrandomi : "Mi ha detto che è stress!".

Dopo un po' è toccato a me. Sono entrato ed ho cercato di spiegare al dottore, utilizzando anche qualche termine scientifico, quali fossero i motivi che mi avevano condotto da lui. Mi ha ascoltato mentre sistemava dei fogli che aveva sparsi sulla scrivania, poi ha risposto due volte al cellulare. Infine ha annuito come se avesse ben compreso il mio racconto. Ero soddisfatto. Mi ha guardato negli occhi, mentre cercava di congedarmi perché doveva rispondere nuovamente al telefono. Mentre si scusava col suo interlocutore mi ha sussurrato: "....si tratta di stress, caro signore...", poi ha continuato tranquillamente a discutere con chi lo cercava da un altro luogo e per altri motivi. Ho abbassato gli occhi e sono andato via. Non l'ho salutato, non credo che se ne sia accorto.

E ALLORA FACCIO FINTA DI AVERE UN GIARDINO ZOOLOGICO

Ho recentemente ritrovato un libro che credevo aver perso in quei labirinti nei quali vengono trasformate le nostre case, complici il tempo ed i traslochi frequenti. *Linguaggio e sviluppo dei processi mentali nel bambino* di Lurija e Yudovich, ha più di 30 anni nella sua edizione italiana, ma ha costituito uno dei testi fondamentali per le scienze che si occupano dello sviluppo infantile. Aleksandr Lurija, per inciso, fu un neuropsicologo tra i fondatori della scuola storico-culturale insieme al più celebre Lev Vygotskij. Il libro in questione, in breve, si occupa del ruolo del linguaggio nello sviluppo dei processi mentali e si basa sullo studio comparato di due gemelli affetti da particolari menomazioni del linguaggio stesso.

Ma ciò che impreziosiva, in qualche modo quel libro datato, era anche l'introduzione all'edizione inglese di James Britton. Ed è proprio su quest'ultima che mi sono soffermato all'atto del ritrovamento e, sulla quale, mi sembra interessante fare alcune considerazioni. Britton riporta dell'osservazione di una bambina di quattro anni che gioca con una sorta di fattoria in miniatura corredata di piccoli animali in plastica. La bambina nel giocare racconta a se stessa ciò che va a rappresentare mediante queste frasi: *"Ecco, ora ho un giardino zoologico... ci sono altri animali...tre in più, e allora faccio finta di avere un giardino zoologico. (...) manca una gabbia, ci vorrebbe...ci vorrebbe anche un guardiano. Vediamo devo prendere questo guardiano, così è tutto a posto. Veramente è un agricoltore, ma può essere anche un guardiano di giardino zoologico...dipende dal mestiere che fa, non è vero papà?"*.

La bimba sostanzialmente rappresenta a se stessa il gioco, cioè le cose che lei vede e quelle che accadono, e soprattutto delle cose che lei decide di far accadere. Inoltre, della giustezza delle sue idee, chiede conferma anche a chi è spettatore del gioco, in questo caso il papà.

L'autore riferisce che un anno prima la stessa bambina aveva esclamato: *"Oh... perché sono vera e non posso vivere nella mia piccola fattoria?"*.

In questo scritto, con forte evidenza, Britton mette in relazione il linguaggio parlato con la rappresentazione del mondo. Ciò che risulta chiara è proprio questa stretta relazione tra lo sviluppo del linguaggio, come noi organizziamo e raccontiamo il mondo che ci circonda e come noi ci rappresentiamo e raccontiamo le nostre azioni. La scrittura ed il pensiero, sempre secondo questo autore, ci sarebbero interdetti se non ci fossero le premesse del linguaggio parlato. La cosa, però, che maggiormente mi interessa nel prosieguo di questo discorso è proprio quanto verbalizzato dalla bambina in questione. Oramai, a quattro anni, questa non utilizza più le parole solo in associazione o in stretto collegamento con gli oggetti che vede, come accade invece per i suoi colleghi più piccoli. Essa utilizza oramai le parole al posto degli oggetti. Il linguaggio non è più solo squisitamente *simprassico*, cioè intrecciato con l'attività immediata. Inizia, quindi, e così, la narrazione e la rappresentazione di ciò che non è immediato ma di quello che esiste nel nostro pensiero in quanto desiderio, necessità, timore ecc. Il linguaggio esprime anche ciò che la stessa bimba intende fare e farà. Segno, sempre secondo Britton, anche di una funzione regolatrice del linguaggio stesso.

Non solo per chi scrive, è questo un passaggio di particolare importanza, in quanto evidenzia una rottura epistemologica nello sviluppo individuale. É il momento in cui il linguaggio, in sostanza, prende la propria autonomia e si carica di una propria capacità creativa. Imparando a narrare, noi narriamo, in primo luogo anche noi stessi. *Una legge dell'inizio* per dirla con Paul Valéry.

Personalmente, non so se ogni inizio delle cose, sempre per seguire Valéry, consista in una sostanza favolistica. È comunque un'ipotesi affascinante, intrigante. Nella quotidianità, è evidente, le cose sono molto più complesse. Lo stesso Valéry arriva a spaventarci quando ci mette in guardia sul fatto che la parola stessa è il mezzo per il moltiplicarsi del nulla. Quello di cui siamo (e nello specifico sono) certi è che il racconto umano, in particolar modo ciò che l'uomo narra di se stesso e della sua realtà, possiede una speciale forza in base alla quale noi stessi organizziamo, interpretiamo e regoliamo, forse, ciò che ci circonda.

Non è così, bimba del libro?

Bibliografia minima

- A.R.Lurija – F. Ia Yudovich , Linguaggio e sviluppo dei processi mentali del bambino, Giunti Barbera, 1975
- Paul Valery, All'inizio era la favola, scritti sul mito, Guerini e Associati, 1989

CAPRE

E' da alcuni anni che abito in questo luogo, ma solo oggi ho capito chi sono i miei dirimpettai.

Se mi affaccio, vedo delle capre. Non solo. Sporgendomi sulla sinistra vi sono delle galline e, poco più là, un improbabile campo coltivato a mais che, secondo me, è cresciuto troppo in fretta.

Alle galline e al mais ho fatto l'abitudine. Ma alle capre no. Le ho osservate e lungo, ho l'impressione che siano degli animali che non si sentano a loro agio. Almeno qui, in pianura. Non credo che le capre si siano accorte di me, loro hanno una visione che arriva a qualche metro, al massimo. Sono più interessate a finire di spennare la siepe che a guardare dall'altro lato della strada.

Queste considerazioni mi hanno lasciato irrequieto fino a sera. Poi, d'improvviso e d'istinto, la memoria mi ha riportato fino a lì, a quei versi di Saba che avevo, chissà perché, dimenticato.

Ho parlato a una capra.
Era sola sul prato, era legata.

Sazia d'erba, bagnata
dalla pioggia, belava.
Quell'uguale belato era fraterno
al mio dolore. Ed io risposi,prima
per celia, poi perché il dolore è eterno,
ha una voce e non varia.
Questa voce sentiva
gemere in una capra solitaria.
In una capra dal viso semita
sentiva querelarsi ogni altro male,
ogni altra vita.

E' vero, capra mia, *"il dolore è eterno, ha una voce e non varia."*

PIGMALIONE, OVVERO LA COSTRUZIONE DELL'ALTRO

Vi è un episodio nelle Metamorfosi di Ovidio al quale ho guardato sempre con una buona dose di umana invidia. Pigmalione è stato, secondo i versi del poeta latino, un re di Cipro molto capace nell'arte scultoria. Tanto bravo da scolpire una statua di donna della quale successivamente si è innamorato perdutamente. Quindi, come avviene spesso nei racconti dei miti classici, Pigmalione, che doveva per sua natura essere un devoto agli dèi ed un ostinato, chiese alla dea Venere di veder umanizzata la sua creatura. In verità non osò chiedere tanto, ma almeno, l'immodesto re, ne avrebbe voluto una uguale.

> *"si, di, dare cuncta potestis,*
> *sit coniunx, opto," non ausus "eburnea virgo"*
> *dicere, Pygmalion "similis mea" dixit "eburnae."*

Pigmalione, certo, non doveva essere un uomo dall'aspetto attraente, tant'è che il suo nome in greco significa nano. Ma astuto, come parte dei mortali, certamente lo era.
Galatea, questo il nome della sua creazione, viene descritta come una statua dalle bellissime e seducenti fattezze

femminili. Venere, forse mossa a compassione o per chissà quale progetto divino, acconsentì. Pigmalione, nel veder animata una sì bella donna tutta per sé, perse il senso dell'arte per procedere ad attività più umane e pensò subito d'impalmare la giovane. Tanto che da lei ebbe un figlio, certo Pafo.

Comunque siano andate le cose, ciò che mi interessa sottolineare è questa capacità di Pigmalione nel costruirsi da sé il suo partner, e poter riflettere sui Pigmalioni e sulle Pigmalione del nostro tempo. Il mito si presta, d'altronde, particolarmente bene a queste riflessioni. In effetti, cosa sarebbe stato possibile narrare di Pigmalione se non questo favolistico episodio? E chi sarebbe stato lui stesso senza la sua Galatea dalla pelle bianco latte (il nome stesso ce lo dice) e dalle appetibili forme?

Ma sembra esserci di più. Solo per citare alcune ricerche famose nel campo psicosociale, un cenno non può non essere fatto ad una ricerca condotta agli inizi degli anni '70 da Robert Rosenthal e Lenore Jacobson dal titolo *Pigmalione in classe (Pygmalion in the classroom)*. Nel corso di questa ricerca gli autori avevano consegnato ad alcuni professori della Oak School una lista di alunni, ai quali era stata data una valutazione particolarmente positiva ad un test d'intelligenza. I due ricercatori consegnarono, in verità, una lista di alunni scelti a caso senza tenere conto dei risultati effettivi. Alla fine dell'anno scolastico, Rosenthal e Jacobson si recarono di nuovo nella scuola. Ebbero così modo di verificare che gli stessi alunni presentati come particolarmente intelligenti avevano ottenuto dei risultati particolarmente positivi. Questo tipo di ricerca, oltre a mettere in evidenza l'estrema vulnerabilità di alcuni tests, ci apre la strada verso un'affermazione particolarmente interessante di William Isaac Thomas, il cosiddetto *"teorema di Thomas"*:

"Quando gli uomini considerano certe situazioni come reali, esse sono reali nelle loro conseguenze".

Il povero Pigmalione non sapeva certo di essere sociologo e psicologo sociale ante litteram e Venere non immaginava, o meglio in qualità di dea non lo ammetteva solo per modestia divina, di facilitare una profezia che si auto adempie, sempre per restare nelle argomentazioni di Thomas.

Nel caso di Galatea e in quello degli alunni dell'Oak School le loro performances sembrerebbero non dipendere da loro qualità intrinseche, essendo la signora Pigmalione una statua di marmo e gli allievi, fanciulli del tutto ordinari. Tutto, invece, sembrerebbe dipendere dal particolare nuovo sguardo posto su di essi dal signor Pigmalione e dagli ignari professori. Vi sarebbe quindi, nei casi citati, una creazione ex nihilo di una identità e non la rivelazione di un'identità prima latente. Vi sarebbero quindi, in queste due ipotesi, non solo una Galatea divenuta di carne ed ossa e alunni rivelatisi, a loro insaputa, particolarmente bravi, ma anche dei nuovi docenti, che hanno visto le loro ipotesi confermate, ed un Pigmalione che, tutto sommato, ha fatto bene ad insistere. In buona sostanza "considerare le situazioni come reali", e già su quest'ultimo termine ci sarebbe da dire, ha messo in moto un processo identitario reciproco. Una creazione, nel concreto, altamente instabile, proprio perché segnata da situazioni reciproche non riproducibili. Un vero rebus della nostra quotidianità, la cui risoluzione non è, questa volta, demandata agli dèi.

Bibliografia minima

- Jean-Claude Kauffmann, L'invention de soi, Colin 2004
- François de Singly, Le soi, le couple et la famille, Nathan 1996

AORISTO

Nel pomeriggio mi sono concesso un riposino, una pennichella come si dice. Fin qui nulla di strano. Mi è accaduto, come spesso accade nel primo pomeriggio, di dormire profondamente e di risvegliarmi, questa la novità per me, credendo che fosse mattino. Ho trascorso così qualche secondo, nel dormiveglia, pensando a quello che avrei dovuto fare durante il giorno. Quando ho aperto gli occhi, la luce che inondava la stanza, mi ha però suggerito un'altra ipotesi: non avevo sentito la sveglia ed avevo, dunque, fatto tardi. Il cuore e le tempie hanno cominciato a battermi forte in un misto di rabbia e ansia.

Mi sono alzato di scatto e, solo quando ho poggiato i piedi in terra, mi sono accorto di essere vestito e sul divano. Era pomeriggio. Rassicurato, mi sono infilato le scarpe. Le stavo allacciando, quando mi sono svegliato.

SE TUTTO SPIEGA TUTTO, TUTTO È SPIEGATO!
VASCO ROSSI E SPINOZA

E' questo uno di quegli argomenti difficili e complessi da trattare. Forse da evitare. Non perché scabrosi o particolarmente violenti. La difficoltà consiste soprattutto nel fatto che, una volta proposti, non si sa mai come concluderli, se mai una conclusione vi possa essere.

Mi riferisco alla questione di come, in forma individuale e collettiva, riusciamo a spiegare la realtà che ci circonda. In effetti si tratta di qualcosa che, in modo cosciente o meno, facciamo ogni giorno della nostra esistenza. Ma forse è proprio questa presunta routine a renderla insidiosa.

Devo ammettere che anche io l'avrei evitata con piacere se non mi fossi imbattuto in uno dei successi di Vasco Rossi. Non sono particolarmente amante della musica e dei testi di Vasco, ma *Un senso* mi ha indotto a qualche ragionamento che tenterò di riprodurre in modo sintetico e, spero, comprensibile.

Nel testo della canzone, Vasco Rossi vuole trovare un senso alla sua vita, alla sua storia, alla sua condizione. Ammette subito che, nell'immediato, un senso non c'è. Diciamo meglio, non lo trova.

Voglio trovare un senso a questa vita
Anche se questa vita un senso non ce l'ha
Voglio trovare un senso a questa storia
Anche se questa storia un senso non ce l'ha

Questo nella strofa, ma tutto sembra cambiare nel ritornello che ci riempie di speranza

Sai che cosa penso
Che se non ha un senso
Domani arriverà
Domani arriverà lo stesso

Si tratta, tutto sommato, di una posizione più volte rivendicata dal cantante, il quale non fa mistero di volersi rifare ad uno dei padri della filosofia come Baruch Spinoza. Oggetto di citazioni, sembra, anche nel corso dei suoi popolatissimi concerti. Due piccole precisazioni. Da una parte Spinoza è uno di quegli autori che si presta particolarmente a citazioni, per la complessità e per lo stile. Dall'altro diamo per scontate le conoscenze filosofiche del cantante o del suo entourage.

In effetti qualcosa di spinoziano c'è in questa canzone e ha il merito di riportare, all'attualità, le tesi di questo precursore del pensiero moderno. Infatti, con le dovute semplificazioni, a Spinoza si deve l'idea che la sostanza agisce esplicando in modo necessario la sua razionalità. L'intelligibilità all'essere umano razionale è quindi insita nelle cose, che contengono già un unico principio che spiega le cose stesse. Un'idea non nuova che è appartenuta certamente alla scuola neoplatonica ed in qualche modo allo stesso Giordano Bruno. Un'idea che sicuramente era stata una chiave di volta, ed un compromesso, per trattare della natura senza disconoscere l'esistenza divina. Anche se, nel caso di Spinoza e, soprattutto di Bruno, con severe condanne da parte delle autorità. Si tratta, in soldoni ripeto e con le dovute precauzioni, del principio platonico dell'*Anima mundi* e dell'*Uno*. Come si può intuire si tratta di una visione olistica attualmente ripresa, rimaneggiata e volgarizzata, anche da altre tendenze, come la New Age e le sue successive declinazioni.

Fatta questa minima premessa, ciò che appare interessante è capire se la spiegazione delle cose risiede in qualcosa che appartiene alle cose stesse. In poche parole il senso esiste già nelle cose o siamo noi che lo diamo loro? Bella domanda. La cui risposta non può essere lasciata al buono e bravo Vasco o alla lettura delle scuole filosofiche di cui si è sentito parlare ai tempi del liceo.

È però una domanda che eludiamo, coscientemente o incoscientemente, con sempre maggiore difficoltà di fronte ad una crescente complessità, ed in un certo senso ad un balcanizzazione, della realtà. Questa si rivela solo falsamente leggibile in modo unitario, se non attraverso una confusione ed una migrazione continua di concetti appartenenti a diversi contesti e discipline. Un senso unitario, ed unico, nelle cose è una sorta di generosa semplificazione che, da una parte, ci appare fornire una rapida spiegazione, dall'altra, una tale riduzione e mistura, da renderne il risultato assolutamente inutilizzabile. Esso è evidentemente solo una sorta di palliativo che ci consente di proseguire quotidianamente. Una prosecuzione che, via via, ci diventa sempre più difficile praticare dal punto di vista logico e pratico. Ed è soprattutto questo aspetto a rendere sempre più chiaro ed insoddisfacente il nostro rapporto con la realtà. Di questa, forse, dovremmo infine riconoscerne l'esistenza e la non decifrabilità a buon mercato.

Forse dovremmo iniziare a pensarla e spiegarla in maniera sempre più complessa arrivando, un giorno, a *"distinguere senza disgiungere ad associare senza identificare o ridurre"*. E forse qualche dubbio si è insinuato anche nello spinoziano Vasco se così conclude la sua canzone:

> *Voglio trovare un senso a tante cose*
> *Anche se tante cose un senso non ce l'ha*

Ma il ritornello oramai era stato già scritto.

Bibliografia minima

- Armando Torno, Accusato di empietà, amato da Hegel e Vasco Rossi: ora c'è tutto Spinoza, Corriere della Sera, 6 aprile 2010
- Giuseppe Saccaro Battisti (a cura di), Il pensiero di Baruch Spinoza, Loescher Editore, 1981
- Edgar Morin, Introduction à la pensée complexe, ESF èditeur, 1990

INCROCIO A DOPPIO SENSO

Ieri sera, uno stupido, mi ha tagliato la strada costringendomi ad una frenata repentina.

Avevo due possibilità: ignorarlo o inveire contro di lui. Ne ho scelto una terza: pronunciare delle parole senza senso.

Lo stupido, continuiamo a chiamarlo così per intenderci, ha però interpretato secondo il senso che a lui appariva più opportuno, anche considerando il contesto. Mi ha così risposto di conseguenza, con una serie d'insulti.

A quel punto a me è venuto da ridere considerando, a mia volta, che, lo stupido, aveva reagito meccanicamente e che era caduto nel tranello. Ed infatti non ho potuto trattenermi dal farlo. Lo stupido però ha interpretato il mio riso come un ulteriore affronto, è sceso dalla macchina con un fare che mi ha preoccupato, ed è venuto verso di me.

Vi consiglio, se incontrate lo stupido, di non ripetere l'esperimento.

Io ve lo racconto grazie a qualche centimetro di vantaggio.

WILLY E LA SOSPIRATA FABBRICA CHE PRODUCE OGNI COSA

La scritta ACME, che appare in molti cartoni, in particolar modo quelli Looney Tunes, ed alcuni film d'oltreoceano, ha recentemente attirato la mia attenzione. È la marca di prodotti o industrie specializzati nei complicati marchingegni usati da personaggi del calibro di Willy il Coyote durante i suoi spasmodici inseguimenti alle varie prede, per antonomasia lo struzzo Bip-Bip.

Sembra che questa sigla sia l'acronimo di *American Company Making Everything* o, secondo altri, *A Company that Makes Everything,* o ancora *Another Company Making Everything.* Insomma un industria generica che produce tutto. Per inciso la parola acme in inglese ha lo stesso significato che nella lingua italiana: culmine, punto culminante.

Ho da sempre provato stupore per i prodotti ACME, sono ingegnosi, pratici, a volte ingombranti, ma di estrema versatilità. Sono pronti all'uso, si vendono comodamente per corrispondenza. Sarebbe bello poter avere, in questo modo, tutto ciò che è utile al momento, averlo a portata di mano grazie a questa fantastica industria.

Tutto, anche nei rapporti personali. Perché no?

Non è certamente notizia di oggi il fatto che le relazioni di pronto consumo interessino anche i rapporti tra le persone. Ma si tratta di una società di consumatori sempre più insoddisfatti. Ciò che conta, infatti, è l'enfasi con la quale i prodotti vengono presentati, al di là della loro reale funzionalità e utilità.

Ma al di là di tutto, l'ACME per me, e per molte persone, resta davvero una tentazione. Come l'utilizzo di oggetti generici, ma magicamente personalizzati, al momento dell'utilizzo, da Willy il Coyote. Si potrebbe, così, immaginare un universo di individui generici e sostituibili. Che anche quando dichiarati insostituibili, sono sostituibili proprio perché si tratta di uno dei tanti insostituibili prodotti in serie ACME.

A ben guardare, il consumo attuale riguarda però più che la soddisfazione di desideri l'evocazione sempre maggiore dei desideri stessi. Così questi rischiano di restare eternamente inappagati. Si desidera un altro o un'altra talmente evocato o evocata (ed in quanto tale altamente generico o generica) da restare insoddisfatti dell'altro o dell'altra reale. Come si desidera un corpo (proprio o altrui) talmente desiderabile da non poter competere con qualsiasi corpo reale, anche perché nella realtà,diciamo la verità, il fattore tempo non concede sconti. Per esempio, i ritocchi e la chirurgia estetica sono a loro volta un regalo avvelenato. Da una parte, questi, ci fanno rendere conto della realtà del nostro aspetto e dall'altro ci mettono di fronte ad un sostanziale e drammatico vorrei ma non posso, stigmatizzato anche dalle imperfezioni e dall'elevata innaturalezza dei risultati delle tecniche attuali.

Il consumo ossessivo- compulsivo di esseri, oltre che di oggetti, ripropone uno dei temi cardine dell'identità, l'eterno conflitto tra un altro generico e la costante ricerca di una specificità, del sentirsi singoli ed insostituibili.

Se il disagio relazionale, quando non si tratta dell'emergere di vere e proprie patologie, sta diventando la vera pandemia negli ultimi decenni, un motivo ci deve pur essere. Ci sarà pure qualche motivazione se gli stessi psicologi, spesso, sono costretti ad ammettere di non avere il rimedio adatto ed a rimettere la questione ad altri specialisti del ramo neurologico o psichiatrico.

Un recente libro della psicologa e psicoterapeuta Gianna Schelotto, mette in luce un fenomeno di cui spesso non si parla, ma che emerge, poi, nel segreto delle consultazioni o pubblicamente nell'anonimato dei forum. *Un uomo purché sia*, mette in evidenza proprio questa ricerca spasmodica di un uomo qualunque sia ed a qualsiasi costo e la conseguente insoddisfazione relazionale per molte donne.

In ultimo, ed a futura memoria. In un articolo apparso sul *The New Yorker Magazine*, qualche anno or sono, si dà notizia che uno dei maggiori utilizzatori dei prodotti ACME, il più volte citato Willy il Coyote, ha intentato un opening statement, cioè una richiesta al tribunale, per essere rimborsato per il cattivo funzionamento dei prodotti acquistati da questa fabbrica. Tra le motivazioni addotte dall'attore, nei confronti del convenuto in giudizio, risulta proprio la mancata indicazione, nelle istruzioni di fabbrica, della elevata pericolosità del prodotto.

Bibliogafia minima:

- Zygmunt Bauman, Vita Liquida, Laterza, 2006
- Gianna Schelotto, Un uomo purché sia. Donne in attesa dell'amore, Mondadori, 2009

GALLINA

In quel paese, in una via di cui ora mi sfugge il nome, proprio in quella casa di cui vi ho più volte narrato e che, immagino, ora conosciate alla perfezione, abitava quel tale chiamato Gallina. La gente del luogo, quelli che lo conoscevano, ma anche quelli che non lo avevano mai visto, lo chiamavano così: Gallina. Questo nomignolo era così talmente noto che, del suo vero nome, si erano perse le tracce.

Il soprannome di Gallina, però, non lo si doveva tanto al suo sedere grosso ed al ventre prominente, e nemmeno ai capelli che gli spuntavano sul cranio come una crestina, tantomeno al naso grosso e ricurvo che pareva un becco vero, quanto alla posizione degli occhi. Gli occhi, infatti, non erano messi sul davanti del suo bel faccione, sotto la fronte, in alto e al lato del naso. No, gli occhi, in modo strano ed inspiegabile, erano al lato, proprio sopra ciascuna delle orecchie. Cosicché, quando il signor Gallina doveva parlare con qualcuno o accingersi a qualsiasi attività, lo poteva fare guardando, proprio come fanno le galline, mettendosi di lato.

Dopo questa descrizione anche i più increduli credo che si siano arresi. Gallina esisteva davvero. Si trattava, quindi e chiaramente, di una circostanza, a ben vedere e sentire, ben definita e verificabile ai più. I dottori, dai quali si era recato, nonostante i numerosi esami universitari e le pratiche cliniche ai quali si erano sottoposti durante i loro studi, non potevano far altro che fissarlo con sconcerto ed interesse. Dopo un gran pensare, attribuivano quella malformazione allo stress ed al buco dell'ozono.

Il povero gallina, era costretto a vivere senza poter guardare davanti, ma solo di lato, ora di qui ora di lì, e questo gli aveva creato, da quanto era nato, molti problemi. Le sue fidanzate mal avevano sopportato di essere sbirciate di traverso. Quando guidava l'automobile i vigili continuavano a fargli le multe perché lo credevano distratto, quando mangiava non riusciva a guardare mai nel piatto e metteva in imbarazzo gli altri commensali che sentivano i suoi occhi puntati addosso.

Ma il vero problema di Gallina era un altro, ben più grave. Costretto, com'era, a guardare da due punti diversi senza mai avere una visione unica, il povero Gallina era cresciuto credendo di essere due differenti persone. E' vero, sapeva di avere un solo nome, ma a questo nome lui faceva corrispondere due se stesso, quello che guardava a destra e quello che guardava a sinistra. E secondo lui, questi due gallina, in fondo non si erano mai incontrati, essendo per lui impossibile avere la minima percezione che fossero mai stati insieme. Come era sicuro che, alcuni suoi amici, conoscessero solo quello di destra mentre altri quello di sinistra. Ma, e questo era chiaro, aveva la presunzione di controllare, con un unico cervello, ben due corpi e due personalità distinte e perfettamente autonome..

La sua povera mamma, aveva da sempre cercato di dirgli la verità. Ma lui credeva che lei fosse la madre di Gallina di sinistra, potendo la destra infischiarsene e disubbidire. Infatti, quando lo si sgridava e rimproverava, lui piangeva con un sol occhio.

Gallina morì in tarda età, guardando di fianco e chiudendo quel solo occhio che fissava il soffitto, quello destro. Questo è il motivo per il quale, al funerale, andarono solo una parte dei suoi parenti, amici e conoscenti. Dell'altra metà di Gallina non si seppe più nulla. Gli amici dell'occhio sinistro giurano che sia ancora vivente, tutto intento a mostrare, in qualche paese lontano, il suo profilo migliore .

LA REALTÀ, QUELLA VERA, ME LA INVENTO!

Certo Pinocchio non era stato proprio fortunato, lui e quel maledetto problema del naso che si allungava. Poteva essere disubbidiente fin quando voleva, ma mai provare a dire una bugia, si vedeva subito. Oltre ad essere nato burattino era anche condannato a non poter fingere. Lui cercava d'inventarsi una realtà differente ma non era possibile, la misura del naso lo riportava ai fatti. E poi quella Fatina, alla quale nulla sfuggiva, fin troppo coi piedi per terra, lei. In fondo quelle di Pinocchio erano semplici bugie in un racconto che di realistico non aveva nulla, o poco. Ma anche nel fantastico la realtà doveva restare quella e non la si poteva cambiare a piacimento o a capriccio della piccola marionetta che si continua ad indicare, chissà perché, come burattino.

Bugia dell'infanzia, in fondo, il cui scopo è forse quello di giustificarsi, di modificare ciò che è, o ciò che è stato, al solo scopo di sfuggire ad una punizione, ad un castigo. Una innocente evasione, si direbbe. La realtà nella quale Pinocchio si doveva muovere, non era la sua, ma quella, se pur fantastica, dettata da Carlo Lorenzini, il quale, per essere fin troppo realista, si era mutato anche il nome in Collodi. Poco importa. Pinocchio a quel mondo, se pur fantastico, doveva essere fedele, e non poteva trascendere. Un sorta di obbligo di firma, il suo.

Tra i maldestri tentativi di Pinocchio e la realtà in salsa fenomenologica i paralleli sono tanti. Quando e se ci soffermiamo a riflettere sulla parola senso, ammesso che decidiamo di farlo, il prodotto della nostra riflessione non sarà mai indifferente a noi stessi. Oggetto e soggetto, che sembrano differenziarsi, in fine resteranno strettamente legati tra loro, intrecciati, fino a confondersi.

Il soggetto, seguendo alcuni autori, non è qualcosa di completamente distaccato dal mondo, come non lo è l'oggetto. La bugia e la menzogna sono nel mondo ed, in un certo modo, sono più realistiche della realtà. Esse danno letture differenti di questa, cercano di mistificare, di eludere, di ricostruire, fornendo, appunto uno o più sensi. Spesso non è possibile fornirne uno nell'immediato, in presa diretta. Nulla di male, lo si potrà fare a posteriori. Ne è un esempio la storia, o meglio la Storia, *tout court*, non distinta dalla produzione storiografica. La riproposizione di riletture di alcuni eventi innegabili, ci riferiamo per esempio all'Olocausto, tendono a volere riproporre e ad aggiustare eventi che, pur supportati da cronache e dati certi, ci riappaiono in suggestioni, postume ed *à la carte*.

Simili meccanismi valgono anche per le storie individuali. Il raccontarsi, narrare le proprie vicende personali, è pur sempre il frutto di operazioni mistificatorie, che ci permettono, in buona sostanza, di dare decenza al nostro vissuto. Ciò che narriamo di noi stessi, o degli eventi che in qualche modo ci appartengono, non è solo il frutto di un lavorio di memoria e oblio, ma anche di cosciente manipolazione di fatti ed eventi. Non si vuol porre, qui, l'accento sulla buona fede, ma sul fatto che questa ricostruzione ed aggiustamento ci permette di dare un senso agli eventi quotidiani. O, anche, a prevedere eventi successivi, futuri.

Se la realtà è frutto proprio di questa confusione, ibridazione, chiasma, tra oggetto e soggetto, viene da chiederci se ciò che noi concepiamo come realtà, che poi è il senso che noi diamo a questa, sia vera o, in qualche modo, mistificata. Se i fatti e gli atti, per loro natura, siano difficilmente tangibili, fa parte dei dilemmi, non solo filosofici.

C'è un autore che ha messo a nudo questo meccanismo, Maurice Merleau-Ponty che sembra, forse, darci una nuova lettura di Pinocchio. Citando Vailland, Merleau-Ponty ricorda che: "*Quando si è sinceri non ci si pensa, non se ne fa esibizione. Dirsi sincero implica già uno sdoppiamento, una riflessione che vizia la sincerità di cui ci si vanta e la rende un atteggiamento. Rendere la sincerità un valore è appunto tipico di una società insincera, che si ripiega su di sé invece di agire sul mondo*".

Riconoscere che la realtà, o anche la società, sia insincera, non è una risposta utile ma può essere uno strumento per una rilettura del vissuto collettivo ed individuale. Ed anche della favola di Pinocchio. Perché no?

OSVALDO

Di sera, all'imbrunire, quando oramai la gente è stanca di quel giorno e ne desidera un altro tutto nuovo, tornava a casa, dopo il lavoro, Osvaldo Panni, idraulico, di anni 62. Osvaldo era brutto. Tutti lo sapevano. Anche lui, che nulla più faceva per modificare o migliorare le sue orribili sembianze. Insieme alla bruttezza Osvaldo aveva anche altri difetti, non minori. Era antipatico, codardo, infido, bugiardo, pigro, maleducato, insolente, collerico, disordinato, ignorante, stupido, asociale, introverso. E per concludere, non amava lavarsi, e tantomeno nettàre tutto ciò che lo circondava.

Nonostante questo, passava inosservato. Nessuno sembrava accorgersi di lui e delle sue singolari caratteristiche. Tutti lo trattavano come se non fosse brutto, antipatico, codardo, infido, bugiardo, pigro, maleducato, insolente, collerico, disordinato, ignorante, stupido, asociale, introverso e sporco. Anzi, erano gentili con lui, e cercavano di minimizzarne gli aspetti negativi. Evitavano di compatirlo mettendone in risalto, con un enorme sforzo di fantasia, quelle che potevano essere le sue eventuali ed improbabili qualità. Osvaldo infatti, come idraulico, non era proprio pessimo, diciamo che non aggiustava nulla, ma almeno, si diceva, evitava di rompere anche ciò che era ancora funzionante. Cosicché, quando si rompeva un rubinetto in una casa del paese e si era costretti a chiamare Osvaldo, alla fine dell'intervento, dopo averlo pagato, la gente si felicitava con lui per il fatto che, nonostante il rubinetto risultasse ancora rotto, tutti gli altri funzionavano alla perfezione.

Osvaldo Panni, come si può immaginare, viveva da solo, e, la sera, quando qualche volta aveva il coraggio di guardarsi allo specchio, provava una rabbia maggiore di quella che normalmente era dovuta al suo carattere. Infatti, l'atteggiamento che avevano i paesani nei suoi confronti lo innervosiva. Perché, invece di far fina di nulla, non glielo dicevano chiaramente che era brutto, antipatico, codardo, infido, bugiardo, pigro, maleducato, insolente, collerico, disordinato, ignorante, stupido, asociale, introverso e sporco ?

Osvaldo, dopo molte sere rabbiose passate davanti allo specchio, si propose, quindi, di diventare più simile agli altri compaesani e studiò il modo per diminuire i suoi difetti. Incominciò a lavarsi almeno una volta la settimana e s'impose di moderare alcuni aspetti del suo carattere. Contro la bruttezza non poteva far nulla, ma con molto sforzo riuscì a diventare quasi antipatico, quasi codardo, quasi infido, quasi bugiardo, quasi pigro, quasi maleducato, quasi insolente, quasi collerico, quasi disordinato, quasi ignorante, quasi stupido, quasi asociale, quasi introverso e quasi sporco.

Ma, anche dopo tutto questo lavoro, la gente sembrava ignorarlo. Tornato a casa la sera, davanti allo specchio, continuava a provare una quasi rabbia, e allora decise di migliorare ancora. Lo fece e divenne leggermente brutto, leggermente antipatico, leggermente codardo, leggermente infido, leggermente bugiardo, leggermente pigro, leggermente maleducato, leggermente insolente, leggermente collerico, leggermente disordinato, leggermente ignorante, leggermente stupido, leggermente asociale, leggermente introverso e leggermente sporco. Ma anche così non accadde nulla.

Allora, davanti ad una leggera rabbia serale, decise di andare fino in fondo e, un bel giorno il leggermente brutto Osvaldo divenne per nulla antipatico, per nulla codardo, per nulla infido, per nulla bugiardo, per nulla pigro, per nulla maleducato, per nulla insolente, per nulla collerico, per nulla disordinato, per nulla ignorante, per nulla stupido, per nulla asociale, per nulla introverso e per nulla sporco.

Ma anche in questo caso, i suoi compaesani continuarono a considerarlo né più né meno di prima. Quella sera davanti allo specchio provò per nulla rabbia. Una volta coricatosi, dormì un sonno profondo. L'indomani mattina, senza dir nulla a nessuno, Osvaldo l'idraulico partì per andare molto lontano, lasciando ad altri quel paese di gente indifferente.

SONO L'ARCHETIPO DI ME STESSO.
LA NARRAZIONE E L'IDENTITÀ

Faccio parte di una generazione tutto sommato fortunata. Forse l'ultima che ha raccolto, dalla voce dei parenti più disparati, frammenti di una cultura che si è trasmessa solo oralmente. Un mix di tradizioni e affabulazioni, contadine ed urbane, con le quali ho convissuto nella mia prima infanzia e che ora, ripeto fortunatamente, continuano ad abitare le mia fantasia. Nel ricordare questi racconti, ricordo chiaramente, come accade ad altri, anche la voce di quelle persone. Momenti d'intimità serale in cui queste storie mi accompagnavano lentamente al buio della notte. Un passaggio dolce in cui cercavo di allontanare quella maledetta paura di restare solo nel sonno. Proprio per questo motivo la mia preferenza andava alle storie più lunghe.

Raccontami di quando eri piccolo... Cosa facevate quando c'era la guerra? I racconti spesso erano di miseria, di fame, di paure concrete che si mescolavano con le mie che, solo così, si diluivano e si annebbiavano nella stanchezza serale. Poca cosa, in fondo, appariva il buio.

Si andavano allora costruendo nella mia memoria non solo gli archetipi narrativi della guerra, della fame e della miseria, ma anche, attraverso la loro narrazione, quelli di padre, madre, nonno, zio. Allora mai avrei pensato di dover, a mia volta e un giorno, raccontare a mai volta delle storie. Di dover utilizzare quelle stesse semplici tecniche narrative, di dover interpretare ed utilizzare quegli stessi archetipi setacciati e raffinati attraverso la mia esperienza. Ma anche di doverne aggiungere altri quando, inesorabilmente, mi sono state poste le stesse domande. *Cosa facevi quando eri piccolo? Parlami del tuo lavoro...* Toccava a me. Ero io, stavolta ed in prima persona, impegnato nel costruire e ricostruire quelle esperienze fondanti, riprodurre cose che erano state, o ritenevo essere state, all'inizio di quello che oggi sono. Ma a queste ne aggiungevo altre, personaggi veri si univano a quelli frutto delle mia fantasia, caricaturali e paradossali, nell'intento di divertire e di strappare un piccolo sorriso ad occhi già chiusi.

Andavo in un certo senso cristallizzando, me e quanto mi circondava, in quella che Mircea Eliade chiama la trasformazione dell'uomo in archetipo per opera della ripetizione. La rievocazione mediante il racconto degli eventi e di personaggi, reali o di fantasia, a questo punto poco importa. La narrazione, sempre seguendo Eliade, ha una duplice funzione. Da un lato rende presenti questi fatti fondanti, dall'altro rielabora il passato, ed il presente stesso, proprio in virtù dei primi. La narrazione e l'autonarrazione mi consentivano, così, di situare questi fatti e personaggi fuori dalla storia. Questo consentiva di superare, a me e a chi mi ascoltava, la stringente quotidianità, fatta di piccoli e grandi problemi. Trasferivo me (e gli altri) in un tempo "straniero", il tempo i cui gli archetipi tentavano di diventare miti per sottrarsi dal tempo presente e dalla morte. Attraverso il racconto tentavo di diventare io, padre e di far diventare loro, figli.

Sedimentare in categorie la sfuggevole identità mediante l'autonarrazione. Trasformare in archetipo, in mito, ciò che appare sfuggirci dietro le insidie dei meccanismi identitari. Essere consapevoli che il mito, una volta creato, non si distrugge, lo si può dimenticare, ma, fin quando la memoria resta viva, il mito è vitale ed efficace.

Una sfida ed una sofferenza, questa, per i contemporanei sempre più alle prese con le sabbie mobili della certezza del sé. Divenire l'archetipo di se stesso. Divenire un personaggio al fine di poter sopravvivere. Questo legame era, in fondo, ben chiaro in Pirandello quando questi, in Sei personaggi in cerca di autore, fa esclamare (con dignità, ma senza allegria, come tiene a precisare):

"Un personaggio, signore, può sempre domandare a un uomo chi è. Perché un personaggio ha veramente una vita sua, segnata di caratteri suoi, per cui è sempre 'qualcuno'. Mentre un uomo – non dico lei, adesso – un uomo così in genere, può non essere 'nessuno'."

bibliografia minima:
- Mircea Eliade, Aspects du mythe, Gallimard 1963
- Mirce Eliade, Il mito dell'eterno ritorno, Borla 2007
- Luigi Pirandello, Sei personaggi in cerca di autore, Mondadori 1990

DESTINI INCROCIATI

Aver ragione non è facile. E' un'arte complessa, come sosteneva qualcuno. Nello sforzo di aver ragione a tutti i costi, molti ci hanno lasciato le penne. Eppure c'era un tale che ragione ce l'aveva sempre. Indipendentemente dall'argomento trattato. Sì, proprio così, questa persona, tra le altre indubbie qualità, non si era mai trovato in torto. Per di più, la ragione lui, la possedeva con naturalezza. A nessuno sembrava pesasse questo fatto e lui stesso, sovente, aveva ragione senza nemmeno farci caso.

Per questo motivo, a seguito di questa virtù riconosciuta da tutti (... e come dargli torto?), non vi erano, in effetti, molte occasioni per poter discutere con lui. Era da tutti accettato che, questa benedetta ragione, fosse da lui sempre posseduta, a prescindere. Ne discendeva quindi che lui si sentiva esentato dal ragionare.

A questo brav'uomo di mezz'età, la cosa non dispiaceva. Senza alcuno sforzo poteva convivere nella sua tranquilla famiglia, con moglie e figli. Andare al lavoro, e passare il tempo con capi e colleghi, era per lui semplice e salutare come far una passeggiata. Quando qualcuno osava condurlo davanti ad un giudice, al magistrato bastava leggere il suo nome per emettere la sentenza. Inutile aggiungere, a lui favorevole.

Insomma, una vita apparentemente beata, senza particolari scossoni, tutto sembrava filare liscio come l'olio. Passarono gli anni, il tale andò in pensione, i figli erano cresciuti.

La moglie, inoltre, era molto rispettata in paese. Le bastava, infatti, farsi consigliare dal marito per essere anche lei nel giusto, esente da ogni critica.

Ad essere onesti, questo tale sapeva anche ragionevolmente amministrare la sua virtù, per questo, saggiamente, non ne abusava mai. Non s'imponeva, parlava sempre con un filo di voce e camminava modestamente, come se fosse una persona qualsiasi.

Quindi la sua esistenza si sarebbe conclusa in modo naturale, se non fosse intervenuto un piccolo intoppo. Un insignificante episodio, avvenuto proprio quando questo gentile signore di provincia si avviava, a ragione, verso gli ultimi anni della sua esistenza.

Un pomeriggio, questo tale con la sua signora, erano intenti a passeggiare lungo la strada principale del paese. Un tragitto che, a causa dell'età avanzata, percorrevano con passo tranquillo e sottobraccio. Se non che accadde quello che, in termini statistici, è da ritenersi altamente improbabile. In quel preciso momento, in senso contrario, arrivava un altro tale che nella sua vita aveva avuto la sfortuna di avere sempre torto. Questi procedeva a passo svelto tutto preso da un interminabile litigio con la sua fidanzata che, per astio, camminava una cinquantina di centimetri davanti a lui, costringendolo in una sorta di finta ed estenuante rincorsa.

Nell'attimo in cui le due coppie s'incrociarono accadde, malauguratamente, un'altro evento statisticamente ancor più improbabile. Gli sguardi dei due uomini per un istante s'incrociarono. Fu allora che le due donne si ritrovarono improvvisamente sole in quella strada. Tutti si dettero da fare per cercarli dappertutto, intervenne la polizia e la magistratura, chiesero anche aiuto ad un mago indovino. Nulla. Di quei due signori non si ebbe più alcuna notizia.

SOLTANTO PAROLE. PAROLE TRA NOI.

Il brano è tra i più conosciuti della musica leggera italiana ed internazionale. *Parole, parole* è un classico che ha saputo ben invecchiare nonostante i suoi quasi quarant'anni di età. Il testo, firmato da uno dei più celebri autori italiani come Leo Chiosso e dal giornalista Giancarlo Del Re, deve il suo successo al duo Mina ed Alberto Lupo che lo interpretavano, nel 1972, come sigla finale di Teatro 10. Ha poi conosciuto numerosi versioni e cover, tra le quali quella altrettanto celebre, in francese, di Dalida e Alain Delon.

Parole, parole, in effetti ben si adatta ad una coppia all'esecuzione di professionisti con qualità differenti donna cantante e uomo attore, nello specifico, essendo la parte interpretata da Alberto Lupo, un parlato-recitato. La musica di Gianni Ferrio costituisce poi un collante d'autore tre i due. La versione francese, quella con la voce femminile ed indistinguibile di Dalida, gode di una traduzione molto fedele al testo originale.

Si tratta di due monologhi paralleli e a confronto che riproducono, con una certa dose d'ironia e di amarezza, due posizioni contrapposte sul peso e la funzione delle parole nell'ambito di una coppia, oramai evidentemente in crisi. Una donna che non accetta solo parole ed un uomo che esagera nelle romanticherie nel tentativo, forse, di riconquistarla. L'enorme successo di questo brano lo si deve , senza ombra di dubbio, al fatto che riproduce, in pochi minuti, una situazione reale vissuta in molte coppie, anche se evidentemente portata al paradosso dal testo di Chiosso e Del Re.

Quella dell'uso e della condivisone dei significati del linguaggio nella coppia e, più in generale, tra interlocutori è un tema d'attualità. Sono numerosi, infatti, gli articoli, sulla stampa specializzata, e non, che si stanno susseguendo negli ultimi anni. Si tratta di studi che riguardano generalmente le differenze di genere che interessano le aree celebrali e, stando sempre a questi risultati ottenuti da università inglesi ed americane, in particolare quelle relative al linguaggio. Confesso che per la mia formazione ho sempre visto con sospetto questo tipo di studi. Soprattutto quelli nei quali le differenze tra esseri umani vengono fatte risalire, in buona sostanza, a diversità di tipo genetiche. Quindi li tralascio per soffermarmi in ambiti da me maggiormente condivisibili.

Nel testo della canzone questa coppia sta raccontando due storie sostanzialmente diverse, due momenti nei quali reciprocamente i due non sembrano riconoscersi. Faccio un passo indietro, per essere più chiaro e per riferire di un episodio narrato nell'Odissea. Nel suo travagliato e decennale viaggio Ulisse approda nella terra dei Feaci. Qui, alla corte del re Alcinoo, incontra Demodoco, un aedo. Ulisse, che non rivela la propria identità, si commuove quando l'aedo narra proprio la sua storia, quella dell'eroe di Troia e del suo abile stratagemma. Ulisse si lascia prendere dall'emozione perché si riconosce in quella storia, la sua. In effetti sembrerebbe che proprio questo manchi nella coppia oggetto della canzone di Chiosso e Del Re. Ognuno racconta una storia nella quale l'altro non si identifica, che lascia entrambi reciprocamente indifferenti, proprio perché non vi si riconoscono. Ci emozioniamo e ci commuoviamo invece, seguendo Ulisse, quando sappiamo di fronte al nostro racconto, anche condiviso, quando cioè sappiamo di essere riconosciuti dall'altro, dagli altri.

Tra i singoli più venduti del 1966 vi è *Sono come tu mi vuoi,* tesi di Amurri e Jurgens, recentemente riproposta nella versione di Irene Grandi. Il testo è in un certo senso antitetico a quello di Chiosso e Del Re. Qui la coppia non esiste ancora. Ma lei (in questo caso), come atto d'amore, dice di essere proprio come lui la desidera, lo rassicura di essere proprio la persona adatta, che attende in silenzio che l'altro si accorga solo che è proprio *"così come tu mi vuoi"*. In poche parole,gli dice: *sono proprio la storia che tu vuoi che ti venga raccontata.*

Pirandello, negli anni venti, ha scritto il dramma Come tu mi vuoi, dal quale credo che siano state tratte un paio di versioni cinematografiche. La trama si rifà ad un caso che all'epoca passò alla storia come quello dello smemorato di Collegno. L'ignota ne è la protagonista. Uno dei personaggi crede di riconoscere in lei Cia, la moglie di un amico , misteriosamente scomparsa. L'ignota, felice di ritrovare una sua possibile identità, recita:

"...non so più di vivere - un corpo, un corpo senza nome in attesa che qualcuno se lo prenda! - Ebbene, sì: se mi ricrea lui, se glie la ridà lui un'anima, a questo corpo che è della sua Cia - se lo prenda, se lo prenda, e vi metta dentro i suoi ricordi - i suoi - una vita bella, una vita bella - una vita nuova - io sono disperata!"

Ma, alla fine, temendo di essere utilizzata per risolvere intricati e loschi affari di famiglia, preferisce riprendersi la sua libertà, lasciando tutti col dubbio sulla sua identità piuttosto che metterla al servizio degli altri. In soldoni: *è lei che , finalmente, decide quale storia narrare di se stessa.*

L'UOMO CHE NON SAPEVA PIÙ RICORDARE

Quel tipo era proprio bizzarro! Nonostante sia passato molto tempo da quando l'ho visto l'ultima volta, non ho timore di essere smentito: era un tipo strano. E se, da qualche parte continua a vivere, lo farà certamente meravigliando gli altri, come ha sempre fatto. E come fece, quella volta, con me. Tanto tempo fa.

Orbene, la situazione di cui mi trovai fu questa. Ero comodamente seduto ad un tavolino di quel bar del centro, quando, questo tipo mi si sedette proprio di fronte. Lo fece come se fosse pronto a parlare, a dirmi qualcosa, quando gliene avessi dato la possibilità. Cosa che mi guardai bene dal fare.

Ordinò un caffè, apparentemente distratto da quanto ci circondava. Giocherellò a lungo con il cucchiaino prima di guardarmi.

- Allora io immagino che lei si chieda il perché? Disse.

- Perché di cosa? Risposi seccato.

- Del fatto che io mi sia seduto qui, di fronte a lei.

- Gentile signore, le premetto che non ho molto tempo da dedicarle e, se desidera vendere qualcosa, le faccio presente che non è mia intenzione procedere ad acquisti di oggetti dei quali non ho affatto bisogno.

Fatta quelle precisazione, che ritenni doverosa, mi voltai verso la strada, sicuro che quel mio gesto di disinteresse lo avrebbe distolto dal continuare quel dialogo.

Invece, come se nulla fosse, quel tizio riprese:

- Vede, noi normalmente ricordiamo il passato. Vero?

Non risposi fingendo di essere distratto da un cane di piccola taglia che passava al guinzaglio della sua padrona.

- Io invece - riprese lui - non so più quale tempo ricordo. Mi confondo. A volte ricordo solo il presente, altre volte il condizionale (ma solo se faccio delle ipotesi). Quando non sono sicuro più di me stesso ricordo il congiuntivo.

Non sapevo se alzarmi a meno. Altre volte l'avrei fatto, d'istinto. Invece quel discorso aveva qualcosa di talmente ridicolo e insostenibile, che m'incuriosì.

- L'indicativo in generale, continuò quel tizio, non fa per me, io dubito per natura, sono cavilloso. Si figuri che, il mio vicino di casa, ricorda addirittura l'imperativo. Roba da non crederci! Quando ricordavo solo il passato mi sentivo meglio, ero certo di quello che ero: un signore di mezz'età, maturo e benpensante! Poi un giorno mi è accaduto di ricordare il futuro. Un tempo pessimo! Intrigante, avventuroso, pericoloso. Da allora tutto è cambiato: non sono stato più me stesso.

Guardavo quel tizio mentre continuava a snocciolare quelle stupidaggini. Ero come paralizzato. Avevo voglia di andare via, ma non riuscivo a farlo.

Poi d'improvviso fu lui ad alzarsi, lasciò cadere sul tavolo i soldi per la sua consumazione. Poggiò la mano sul tavolino e mi guardo fisso negli occhi.

- In effetti, riprese scandendo bene le parole, da quando non ricordo il passato non trovo più pace. L'unico tempo che riesco a ricordare è l'imperfetto! Buona giornata!

QU'EST-CE QU'ON A FAIT DE LA GRENOUILLE?

Ma i racconti finiscono? Finiscono le storie? Esiste un punto in cui la trama è completa ? Il punto a partire dal quale non è più possibile procedere oltre nella narrazione perché, quanto si doveva compiere, si è compiuto ed il lettore giace soddisfatto.

E la nostra storia, quella che ci raccontiamo e sentiamo raccontare dagli altri, ha un termine? É forse, questa, la somma di singole storie ed avvenimenti? Ovvero, si tratta di una sorta di unica grande epopea che attraversa tutta la nostra esistenza anagrafica? E poi, questa storia o somma di episodi, combacia e termina con quest'ultima?

Betty, la donna protagonista dell'omonimo romanzo di Georges Simenon, ricorda, in un momento di lucidità, il gioco che amava fare con suo padre. Da bambina, suo padre le leggeva un libro illustrato la storia che narrava di una rana e di altri animali. Ogni volta che la storia si concludeva e il libro veniva chiuso, la sua piccola voce si levava per chiedere:

Qu'est-ce qu'on a fait de la grenouille?

Da allora suo padre, ogni volta che lei gli chiedeva qualcosa, la interrompeva facendole il verso e ponendole la stessa identica domanda sulle sorti delle rana in questione.

Cosa è accaduto alla piccola Betty? si chiede la protagonista dopo qualche pagina, complice una esistenza travagliata. Cosa è divenuta lei ora? E cosa sarà in futuro? La domanda sulla ranocchia sembra riproporsi. Quella stessa domanda, che il padre di Betty considerava fuori luogo a libro chiuso, diventa invece essenziale per la Betty adulta.

Una domanda che ci tiene legati all'esistenza, nella volontà di sopravvivere aggrappandoci alle storie nelle quali siamo protagonisti in prima persona. Un desiderio che ci spinge avanti, come dice Brooks, e ci fa procedere, senza doverci porre il problema del senso, nella quotidianità. Ogni giorno, ogni ora, trama e senso coincidono.

Per il sociologo Paolo Jedlowski:

"È quel desiderio di sapere 'come andrà a finire' che, non soddisfatto, fa si che il sultano de Le mille e una notte rimandi ogni volta l'esecuzione di Shahrazàd; quello che certe notti ci tiene svegli per vedere come andrà a finire il romanzo che stiamo leggendo; quello che al cinema o a teatro o davanti a un amico che ci racconta qualcosa – se è capace di farlo – mantiene vigile la nostra attenzione fino a che la storia non sarà finita."

A *Le mille e una notte* fa riferimento anche Italo Calvino in *Se una notte d'inverno un viaggiatore*. L'episodio del Califfo Harùn ar-Rashìd, che fa parte del capitolo undicesimo del libro, viene attribuito da uno dei lettori, presenti nel racconto, alla raccolta di favole orientali, lasciandoci nel dubbio:

"Sto confrontando le varie edizioni, le traduzioni in tutte le lingue. le storie simili sono molte e con molte varianti, ma nessuna è quella."

La vicenda di Harùn ar-Rashìd è quella del suo incontro con una donna misteriosa che gli annuncia di essere stato condannato a morte. Il Califfo chiede alla donna il motivo della condanna e dell'odio nei suoi confronti. La storia narrata s'interrompe proprio in quel punto.

Proprio come s'interrompono tutte le storie, anche quelle che apparentemente sembrano già finite. In questo caso, come appare, Calvino introduce elementi di nonsense tipici delle letteratura inglese vittoriana, peraltro largamente utilizzati da autori come Lewis Carroll.

"Lei crede che ogni storia debba avere un inizio ed una fine?", in ultimo, Calvino fa dire al settimo lettore. E noi aggiungiamo: esiste un inizio ed una fine delle storie? Oppure ci troviamo nel bel mezzo di quelle storielle circolari che fanno molto innervosire i bambini, perché finiscono nello stesso modo in cui sono iniziate?

Un mio conoscente da più di trent'anni continua a narrare e a scrivere sempre la stessa vicenda. Si tratta di un'avventura galante interrotta per l'improvvisa partenza di lei. Per lui (non sappiamo per lei) quella storia non è mai finita. Continua a raccontarla e dopo tanti anni vi aggiunge sempre nuovi particolari. La rilegge e la rielabora man mano che la sua stessa esistenza fornisce nuovo senso e nuovo significato a quell'episodio in sé poco significativo. Forse per lui la vicenda di quell'avventura non terminerà mai, perché si rinnoverà sempre nella sua narrazione. Questo almeno fino a quando il mio conoscente si porrà la domanda:

Qu'est-ce qu'on a fait de la grenouille?

Bibliografia minima

- Georges Simenon, Betty, ed Le livre de poche, 2008
- Italo Calvino, Se una notte d'inverno un viaggiatore, Mondadori 1994
- Paolo Jedlowski, Storie Comuni, Bruno Mondadori, 2000

IL GIORNO CHE NON VOLEVA FINIRE

Non avrei il coraggio di raccontarlo, se non l'avessi visto con i miei occhi. Sì, con questi miei occhi, sono stato testimone di un episodio da non potersi credere. Qualcosa di mai accaduto. Lo giuro! Ed ora, non mi resta che narrarvelo, facendo appello, perché mi crediate, a tutta la fiducia che nutrite nei miei confronti. So che non ci sarebbe bisogno di questo mio richiamo, ma, l'educazione ricevuta, mi obbliga a questa formalità.

Dunque veniamo all'episodio in questione. L'altra sera passeggiavo lungo il viale di questa cittadina per godermi il fresco ed il tramonto. Camminavo col mio passo solito, né troppo lento né troppo veloce. Avevo in mente una canzoncina che avevo ascoltato la mattina alla radio e che non mi aveva lasciato per tutto il giorno. Mi stavo appunto sforzando di scacciarla, imponendomi altre canzoni analoghe e orecchiabili. Intanto, il sole man mano si abbassava all'orizzonte, il rosa ed il rosso predominavano dovunque nel cielo autunnale.

Se potessi tornare indietro, mi dicevo, a questa mattina, sicuramente mi guarderei bene di ascoltare la radio. Oppure metterei su un'altra stazione, magari di musica classica. Per tornare indietro mi sarebbe piaciuto fare come nei film. Normalmente ci s'infila in una macchina, si premono dei tasti e, dopo una sorta di centrifuga, la macchina si ferma e tu scendi nell'anno che hai programmato. Oppure accade che tu, improvvisamente, o dopo un istante nel quale sembra che ti addormenti o svieni, ti ritrovi in un'altra epoca con tizi che per strada ti guardano strano. Simpatico! É come premere un interruttore, e pluffete! Ci sei. Pensavo a queste cose e, tra me e me , sorridevo, ma la musichetta che non se ne voleva andare.

Guardavo l'orizzonte nell'attesa che la luce del giorno terminasse. Restai così per un bel po', godendomi quel tramonto che si prolungava. Passarono circa dieci minuti. Poi venti. Tutto appariva come congelato. Non solo. Dopo un po', mi sembrò che il cielo invece di scurirsi cominciasse a riprendere luce. Detti in primo luogo la colpa al buco dell'ozono, poi pensai alla canzoncina ed ai suoi effetti sul mio metabolismo. Ma evidentemente non era solo quello, perché, col passare dei minuti, ebbi la sensazione che il sole stesse riapparendo, pian piano, lì in fondo. Poi ne ebbi la certezza. Qualcosa mi sembrava che si fosse inceppato, invertito. Gli astri stavano tornando indietro . Ma non come accade nella macchine del tempo. Il mio tempo, quello degli altri che vedevo intorno a me, proseguiva, andava avanti, come l'orologio digitale che pendeva al lato della farmacia.

Attendevo. Quello strano fenomeno durò per circa un'ora. Rimasi come col fiato sospeso fino a quando, mi sembrò di udire, in sottofondo, il rumore di una macina spinta affannosamente al primo giro. Segno, pensai, che tutto si stava rimettendo per il verso giusto. Guardai in alto. L'orologio delle farmacia non aveva perso neanche un secondo.

Mi sedetti. La canzoncina persisteva nei miei pensieri.

L'UOMO CHE SOSTENEVA CHE NON SAREBBE MAI MORTO

Se proprio devo fare una premessa, la farò: non sono immortale! Ma da qui a dire che dovrò morire, ce ne passa!

Mi verrete a dire che gli altri muoiono. È vero. Ma io sono io. Scherziamo? Non potrei in alcun modo rinunciare a me stesso. Nemmeno se mi obbligassero. E qui sta il bello, cari miei. Anche se mi portate in galera io ci sono. O meglio, io sono. Finanche se mi condannate alla pena capitale, poco importa, eccomi! Nessuna condanna potrebbe esistere senza di me. Io sono la forza delle vostre presunti leggi, dei vostri giudizi. Ecco, rendetevi conto che è con me che dovrete fare i conti.

Io credo, in tutta sincerità di non dover morire mai. E questo posso provarvelo, ma non con teorie fritte e rifritte che lascerebbero i più, imbambolati, sonnacchiosi o indifferenti. Io posso provarlo con i fatti. E che fatti! Ieri mattina, ad esempio, ero tutto intento a scendere le scale e riflettevo, come il resto dei miei contemporanei, sul trascorrere del tempo, sui miei anni che continuavano a sommarsi. Nulla di strano, lo fanno tutti . Ma la cosa mi ha particolarmente colpito, non è tanto dell'aver preso atto del tempo trascorso, quanto della durata di quel tempo.

Durante tutto quel tempo io c'ero stato. Da qualche parte, non sempre sulle scale come ora, ma c'ero, E nessuno potrebbe pensare, come me, al mio trascorrere del tempo, se non io, in prima persona. Allora? Mi direte voi. Cosa vuoi dire? Voglio farvi capire, con tutta la presunzione necessaria all'argomento, che solo io posso narrarvi del mio trascorrere del tempo, con tutti i particolari, più o meno interessanti o banali. Gli altri, potrebbero aggiungere solo dettagli, il loro parziale punto di vista. Ma devono far i conti sempre con me. Io, e solo io, sono l'oggetto del loro racconto. Quindi, come vi dicevo prima, tutta questa faccenda non può che dipendere sempre, e solo, da me. Io no, miei cari. Di questo racconto, io sono anche il soggetto! E questo è innegabile. Dal momento che esisto, dunque , tutti i possibili racconti su di me, non possono che far riferimento a me.

Vi state annoiando? Allora vengo al dunque.

Vi è un punto del mio racconto che non conoscerete mai, e che nemmeno io, se mai dovesse accadere, conoscerò: quello della mia morte. Sarete solo voi a poterla raccontare, vi lascerò soli. Voi non saprete mai come io l'avrei raccontata. Vi mancherebbe, senza possibilità di recuperarla la mia visione personale, soggettiva. Ma è possibile raccontare a metà? Sei io non stessi scrivendo, voi cosa leggereste? Ed io , miei cari signori scrivo, scrivo, scrivo, racconto in abbondanza, vi riempio di parole. E voi, esistete solo perché io penso e racconto di voi.

Perciò, cari miei, io sostengo che non morirò mai. Anzi auguratevi che questo non accada. Perché, in quel caso, porterei anche voi con me!

EMMANUEL BOVE.
LA PROMENADE DE CHARLES BENESTEAU

Uno dei meriti sicuramente attribuibili ad una certa generazione di scrittori è quello di aver saputo narrare la città. Non si rischia più di tanto nel dire che le loro opere costituiscono le migliori guide turistiche in circolazione. Due esempi per tutti: George Simenon e, più recentemente, Carlos Ruiz Zafón.

Però, narrare le città è, tra i generi letterari, certamente uno dei più insidiosi. Si rischia, infatti, di cadere facilmente nel luogo comune, nel già detto, nell'ovvio. Narrare i luoghi, inoltre, situa lo scrittore in una posizione limite nella narrazione, con l'introduzione di elementi di certezza nei riferimenti spazio-temporali.

Questi elementi di certezza hanno natura biunivoca. Infatti da una parte la città, i luoghi in genere, costituiscono lo sfondo reale e tangibile, dall'altra, inseriti in questo contesto, i personaggi appaiono come elementi costituenti di questa realtà e per questo motivo, anche loro forzatamente e fin troppo reali. Ad esempio, nel caso di Verona, bisogna fare uno sforzo immane per ricordare che il famoso balcone non è proprio quello di Giulietta e che, la signorina Giulietta, non è mai esistita.

Tra gli autori francesi che hanno saputo, con molta delicatezza, introdurre la città come elemento essenziale dei propri racconti, occorre ricordare Emmanuel Bove, scrittore francese del secolo scorso la cui opera, immotivatamente, è stata spesso trascurata. Vi è un passo dell'opera boviana, sul quale vorremmo soffermarci, che appare, per certi versi, sintomatico ed autentico nel modo di raccontare, ed essere là e nella città. Si tratta di una passeggiata notturna che Emmanuel Bove fa fare ad uno dei personaggi, Charles Benesteau, nel racconto *Le Pressentiment*.

Perché ci appare importante questo brano? Sicuramente perche ci sono tutti gli elementi per valutare il rapporto tra l'azione, la scrittura, il tempo, la toponomastica e la topografia. A questi si aggiungono, inoltre, particolari riferimenti meteorologici. Ma procediamo con calma.

La trama del romanzo è poco importante, l'episodio che qui ci interessa non ha trama, il racconto appare solo cadenzato dallo spazio e dal tempo. Si tratta, si diceva, di una passeggiata che, nel racconto di Bove, avviene a Parigi nella notte tra il 13 e il 14 agosto del 1931, quasi completamente nel territorio del 14 arrondissement. Charles Benesteau, avvocato sulla cinquantina del foro parigino, ha deciso di abbandonare tutto, famiglia e lavoro, per andare a vivere da solo in un piccolo appartamento, dove la sua occupazione principale consiste nello scrivere i suoi ricordi. Dopo una visita, non desiderata, da parte di alcuni famigliari, Charles esce. Per inciso occorre notare che questa passeggiata verrà ignorata nel film (che è del 2006) tratto da questo romanzo. Il regista Jean-Pierre Darroussin ha preferito ambientare *Le Pressentiment* in una Parigi a noi contemporanea, dove Charles si muove in bicicletta.

Per Bove, invece, siamo nella Parigi degli anni '30. Il 14° arrondissement è quello intorno a Montparnasse. In quegli anni questo quartiere era popolato di artisti, i cosiddetti *Montparnos*. Se consideriamo solo la rue Delambre, occorre ricordare che vi soggiornarono Sartre, Tzara, Breton. Sempre nel quartiere vanno ricordate le presenze di Picasso, Chagall, Modigliani, Mirò. I locali alla moda, alcuni ancora attivi, erano *le Dôme, la Closerie des Lilas, la Rotonde, le Select e La Coupole*. In questi locali si esibivano personaggi memorabili come *Kiki di Montaparnasse*. La comunità dei *Montparnos* si era costituita a seguito della esposizione universale di Parigi del 1889, in occasione della quale vennero costruite alcune strutture simbolo della città, come la torre Eiffel. L'esposizione favorì l'arrivo nella capitale di un folto gruppo di artisti provenienti dal resto del pianeta, molti di questi lasciarono la già popolata zona di Montmarte per stabilirsi a Montparnasse. Occorre precisare però che, già nel corso degli anni trenta, iniziò a farsi sentire un certo declino dello spirito fecondo e gaudente che aveva, fino ad allora, caratterizzato, la vita del quartiere.

Veniamo ora alla passeggiata notturna di Charles Benesteau. Il domicilio scelto da Charles è in rue de Vanves, a circa duecento metri dall'incrocio con Avenue du Maine. Non cercate questa strada a Parigi: non esiste più, ora si chiama Rue Raymond Losserand. La rue Losserand si trova nel quartiere di Plaisance che, assieme al quartiere di Montparnasse, al Petit Montrouge e al Parc de Montsouris, costituiscono il 14° arrondissement. La cronaca vorrebbe che il quartiere di Plaisance sia nato anche grazie all'opera di piccoli speculatori che, all'epoca, volevano favorire gli insediamenti presentando il luogo come adatto alla plaisance, allo svago.

L'opera di Emmanuel Bove appare, per certi versi, ancor oggi immersa in un alone di mistero. Uno dei motivi, nonostante qualche stravagante divagazione da parte di alcuni cultori, risiede, e ce ne andiamo sempre più convincendo, in un particolare modo di utilizzare la tecnica narrativa e, di conseguenza, di condurre la narrazione.

Ricordiamo, in primo luogo a chi legge, che Bove è un giornalista. Bove possiede gli strumenti tecnico-linguistici per descrivere la cronaca. Bove scrive negli stessi anni in cui, dall'altra parte dell'oceano, il giornalismo sta mutando profondamente, prende strade nuove. E questo accade anche in Europa, non fosse altro perché i giornalisti si trovano, per la prima volta, a misurarsi con eventi tragici come la prima guerra mondiale. Si va, in questo periodo, facendo strada una scrittura che, partendo dalla cronaca, se ne distacca sempre più. Ci riferiamo alle cosiddette *features*, articoli in cui veniva lasciato spazio anche a storie piene di *human interest*. In questi componimenti, che vanno sempre più distaccandosi dalle cosiddette hard news, s'intravedevano chiari elementi di natura squisitamente letteraria.

Molti, parlando di Bove fanno riferimento alla *écriture blanche,* e cioè ad un modo di scrivere apparentemente neutro, distaccato, ma che, nello stesso tempo, immerge il lettore nella profondità della trama. É come se la visione del narratore coincidesse con la visione binoculare frontale del lettore. E quest'ultimo, se si trova lì, se lo scrittore è in grado di farci scoprire la trama attraverso il suo stesso sguardo, non può far altro che condividerla. É questo, pensiamo, che fa di Bove uno scrittore del tutto particolare. In questo, forse, una delle chiavi del mistero di cui si accennava. Comunque sia, approfondire la tecnica giornalistica di questo autore insieme alle sue indubbie capacità narrative, si appare una buona ipotesi di lavoro, peraltro già presa in considerazione da alcuni studiosi dell'opera boviana.

Quel che è certo, e lo possiamo da subito verificare, è che la scrittura giornalistica di Bove somiglia molto a quella dei suoi romanzi. Un esempio lo troviamo in un suo articolo inedito pubblicato sul sito che, Jean-Luc Bitton, ha dedicato allo scrittore. Si parla di una gara di nuoto a Parigi. Ecco l'attacco/incipit:

Les femmes partent les premières. A deux heures et demie,un coup de sifflet. Certaines plongent, d'autres sautent.

Un train s'est arrêté sur le pont National, sans tenir comte de son horaire. Il y a un moment de confusion. Il ne reste plus, sur la péniche de départ, que quelques officiels, un peu surpris d'être seuls. Des cors de chasse retentissent. Des centaines d'embarcations, parmi lesquelles une gondole, se lancent à la poursuite des concurrentes dont on n'aperçoit plus que les bonnets.

E questo è un brano tratto dal suo capolavoro Mes Amis:

Un vieillard occupe une autre chambre. Il est gravement malade: il tousse. Au bout de sa canne, il y a un morceau de caoutchouc. Ses omoplates font deux bosses dans son dos. Une veine en relief court sur sa tempe, entre la peau et l'os. Son veston ne touche plus les hanches : il ballotte comme si les poches étaient vides. Ce pauvre homme gravit les marches une à une, sans lâcher la rampe.

Credo che le analogie tre le tecniche utilizzate appaiano estremamente evidenti. Il fuoco viene posto subito sull'oggetto principale, chi legge si sente proiettato improvvisamente in questo mondo. Poi, da questa prima immagine cominciano a svilupparsi i particolari, più o meno secondari. Parimenti accade nella migliore e navigata tecnica giornalistica della piramide rovesciata. l'attacco deve contenere in sé il maggior numero d'informazioni, il cuore delle notizia, mettendo a conto che il resto dell'articolo potrebbe essere, maldestramente e cinicamente, tagliato successivamente per motivi redazionali.

Torniamo ora alla promenade iniziale de *Le pressentiment,* che fa da sfondo a questi brevi interventi. Il cronista Bove accende la telecamera narrativa e c'invita a seguirlo. E' l'inizio del terzo capitolo, ore 22, rue de Vanves. Charles lascia la sua abitazione al n. 102 e percorre la strada fino all'avenue du Maine. La imbocca e la risale in direzione del ponte di ferro della ferrovia, gira a destra e arriva alla gare de Montparnasse. L'attuale stazione, per inciso, è la terza stazione con quel nome. A quell'epoca circolavano già i progetti di arretramento della struttura per posizionarla dove e situata attualmente. Agli inizi degli anni '30 la stazione sorgeva dove attualmente sorge la torre omonima inaugurata nel 1973. I treni all'uscita percorrevano un viadotto alto 65 metri in direzione la Chaussée du Maine e dei boulevard de Montrouge. A questo punto, Charles, ha percorso circa un km. Sono le 11 di sera, il caldo è soffocante e qualche goccia di pioggia iniziava a cadere. In lontananza si ode il rumoreggiare del temporale in arrivo. All'altezza delle Gare di Montparnasse Charles si ferma, indeciso, forse a causa della pioggia imminente, se entrare in un caffè.

In questa prima tappa del racconto si può misurare la velocità di Charles che risulterebbe essere, quindi, di circa 1 km all'ora. Poi prosegue. La direzione ora è quella di ridiscendere il Boulevard di Montparnasse, per effettuare un lungo giro che poi lo avrebbe ricondotto a casa. Un percorso che intraprende in modo quasi automatico perché, ci dice, era la sua passeggiata preferita. Si tratta, in buona sostanza, di un giro alla larga intorno al cimitero di Montparnasse, lo stesso cimitero in cui Emmanuel Bove sarà poi sepolto. Una sorta di presentimento finito nel libro con lo stesso titolo? Non ci sarà mai possibile verificarlo e ci limitiamo a quest'annotazione. Charles, quindi, percorre boulevard Montparnasse fino all'incrocio con rue Denfert-Rochereau e, di li, fino all'Osservatorio. Poi, improvvisamente, ci ripensa. Ripercorre la stessa strada a ritroso fino all'incrocio con boulevard Montparnasse, lo attraversa per andare in boulevard Saint-Michel, fino rue des Écoles. Bove ci dice che siamo non lontani dalla mezzanotte. Charles, ha, in questa seconda fase, percorso circa tre km in quasi un'ora, più del doppio della velocità del tratto precedente. Scoppia il temporale. Charles Benesteau entra in un caffè.

L'aver messo in evidenza la passeggiata del protagonista del racconto di Emmanuel Bove, questa passeggiata in particolare, ci ha consentito di fare alcuni primi passi, a nostro avviso necessari, sull'opera di quest'autore. Possiamo ora cercare di segnalare qualche prima indicazione di lettura.

Le Pressentiment è stato scritto da Emmanuel Bove nel 1935. Qualche anno prima, un altro piccolo racconto dello stesso autore aveva messo in evidenza, se pur in un altro contesto, questo tema. Come abbiamo fatto notare la promenade di Charles Benesteau si svolge sostanzialmente attraverso un giro intorno al cimitero di Montparnasse. Nel 1928, in *Voyage autour d'un appartement,* Bove narra di una coppia di giovani coniugi, Pierre e Marguerite Vilbert. Lui è uno scrittore che lavora con molta difficoltà, attorniato da Marguerite che organizza l'appartamento e l'esistenza della coppia apparentemente intorno all'attività del marito. Lei sembra essere tutta protesa nel valorizzare, soprattutto nei confronti di amici e conoscenti, il ruolo di Pierre. dal canto suo, questi appare immerso, anima e corpo, in una lunghissima e sofferta attività preparatoria all'atto dello scrivere. In questa sorta di appartamento/prigione, che Pierre gira in lungo e in largo,

Marguerite aleggia nel compito di vestale/carceriera; è lei che sussurra al coniuge: "*Scrivi delle belle storie e saremo felici!*".

In questo racconto, Bove mette in risalto uno dei temi che costituirà, in un certo senso, la sua maggiore preoccupazione di vita, farsi accettare. Farsi accettare, in un mondo che sembra particolarmente interessato solo alle piccole beghe, alla sopravvivenza, al denaro. Il tema, oltre che nel corso della sua vasta produzione letteraria, verrà magistralmente ripreso proprio ne *Le pressentiment,* ma che, in *Voyage autour d'un appartement,* sarà condensato nelle preoccupazioni di Marguerite, intenzionata a *"dare un corpo alla professione immateriale"* di Pierre.

Dare corpo, essere scrittore, essere reale e realtà per chi narra, quando si è immersi tra gente che pensa ad altro. A cose, che risultano apparentemente futili, volgari. Bove s'interroga, e interroga gli altri, sul ruolo dello scrittore e dell'intellettuale, ma anche sulla natura stessa dell'esistenza. Quella di Bove però, a guardar bene, non è una sorta di distacco, di presa di posizione elitaria. Per lui è necessario essere accettato. In poche parole esserci. E per assicurarsi un posto, un corpo materiale tra corpi materiali, Bove mette in atto un insieme di abilità narrative che ci convincono sempre più, man mano che si approfondisce l'opera di questo autore.

Bove nei suoi racconti, come abbiamo avuto modo di accennare, ci appare particolarmente attento ad alcuni elementi: il luogo, il tempo, lo spazio. Bove s'interessa ai luoghi, respira insieme alla città che attraversa, indugia sui particolari architettonici urbani, sui particolari dell'arredamento e sulla disposizione delle camere e degli oggetti negli appartamenti. In questa peculiarità del narrare, Bove ci appare interessato ad una concezione del tempo più di tipo cairologica in senso greco, cioè del momento dell'agire, dell'opportunità, che a quella cronologica. Il suo essere, l'essere dei protagonisti di molti suoi racconti, finisce per avere molte affinità all'esserci, al *dasein*, messo in luce da Martin Heidegger. Come per Heidegger, l'esserci di Bove non è in forma statica, è sempre un "poter essere", che si protende nel tempo. Il tempo diventa quindi la sostanza stessa delle quale siamo fatti. L'essere è solo essere-nelmondo, è esserci. E seguendo Heidegger, arriviamo a poter dare un indirizzo interpretativo del racconto, e della passeggiata, dai quali è partita la nostra riflessione. Se nel mio essere io sono sempre in cammino, si chiede il filosofo, come posso fare io a conoscere questo essere? Io sono sempre qualcosa che non è arrivata ancora alla fine. Io, prosegue Heidegger, potrò essere in modo finito solo quando non lo sarò più. Io posso interpretare, dunque, me stesso solo in relazione ad un atto finale, alla morte. Correre dunque incontro alla morte, per Heidegger, è prendere consapevolezza della possibilità di non esserci più. Questa è l'unica possibilità di cercare di dare consistenza al nostro essere che ci sfugge in continuazione. *Vorlauf* è il termine che il filosofo usa per questo *"precorrimento"* questa *"anticipazione"*. Un atteggiamento che rende apparentemente diversi, estranei. In questo vi è la grande lezione del narratore francese: l'uomo riesce ad essere tale solo se vive in questo precorrimento. Il presentimento, per dirla con Emmanuel Bove. Un sentimento che Charles Benesteau grida con forza. La sua promenade appare dunque un silenziosa marcia per testimoniare e dare un senso, l'unico forse, alla propria esistenza: l'Esserci.

SVIGNARSELA! APPUNTI PER UNA LETTERATURA DELLA FUGA

C'era una volta... Un Re! – diranno i mie lettori. – No, avete sbagliato, c'era una volta uno scrittore. O almeno, uno che pretendeva di scrivere, insomma raccontare. Ma, appena questo scrittore, iniziò a scrivere, a tracciare sulla carta dei segni, a pensare alla trama delle sue storie, tutti rimasero stupiti. Perché, a ben pensarci, si può scrivere anche facendo parole crociate o compilando la lista delle spesa. Cose concrete, che servono al minuto mantenimento dell'esistenza. E' molto più utile esercitarsi nella grafia che nella fantasia. E questo doveva essere effettivamente quello che pensano in molti. Almeno quelli di buon senso e, come si dice, con la testa sulle spalle, non impegnata a curiosare o gironzolare altrove
Ma:

"Quando le gambe gli si furono sgranchite, Pinocchio cominciò a camminare da sé e a correre per la stanza; finché, infilata la porta di casa, saltò nella strada e si dette a scappare".

"Svignarsela! bisogna svignarsela!", sembra che queste siano state le ultima parole pronunciate da Lev Tolstoj, fuggito di casa una decina di giorni prima di morire. Era il 28 ottobre 1910, quando lo scrittore, stanco delle paludi famigliari e oramai ottantaduenne, si allontanò dalla sua dimora di Jasnaja Poljana.

"Piglialo! Piglialo! – urlava Geppetto: ma la gente che era per la via, vedendo questo burattino di legno che correva come un barbero, si fermava incantata a guardarlo, [...]."

In Fuga senza fine di Joseph Roth, Franz Tunda, ufficiale dell'esercito austro-ungarico é in cerca di una nuova identità anche se, nel continuo sfuggire agli eventi bellici e rivoluzionari, finisce col sentirsi superfluo.

"Povero burattino! – dicevano alcuni- ha ragione a non voler tornare a casa! Chi lo sa come lo picchierebbe quell'omaccio di Geppetto!..."

Norbert Monde è il protagonista del romanzo di Georges Simenon *La fuite de Monsieur Monde* apparso nel 1945. Norbert, nel suo 48 compleanno, decide di lasciare tutto per cambiar vita. Una moglie insensibile e le frustrazioni famigliari lo inducono a condurre un'esistenza marginale, ma piena. In fondo le miserie umane sembrano affascinarlo più di quelle quotidiane e domestiche.

Decisamente, almeno all'inizio, la fortuna sembra essere più favorevole alla fuga messa in atto da Mattia Pascal, protagonista del romanzo pirandelliano del 1904. Ne *il fu Mattia Pascal* il protagonista, sempre per sottrarsi alle intricate vicende famigliari, fugge verso la Costa Azzurra. A seguito di alcuni eventi, viene dato per morto e quindi può liberamente ricostruirsi una nuova esistenza coperto dal falso nome di Adriano Meis. Ma, continuamente, la vita si ostina a riannodare i legacci che lo tenevano prigioniero fino a convincerlo a ritornare, non dopo aver inscenato la morte di Adriano.

"Insomma, tanto dissero e tanto fecero, che il carabiniere rimise in libertà Pinocchio, e condusse in prigione quel pover'uomo di Geppetto"

Ne *Le pressentiment* (pubblicato in Francia da Gallimard nel 1935), Emmanuel Bove racconta la vicenda dell'avvocato Charles Benesteau. Questi lascia tutto, lavoro e famiglia, per andare a vivere in un, allora popolare, quartiere di Parigi. Lì, solo, Charles crede di potersi finalmente dedicare alla scrittura dei suoi ricordi personali.

Queste storie di fughe, non si tratta di evasioni, sono legate spesso alla volontà di ricerca identitaria, lontana dalla confusione, dal rumore di fondo in cui spesso decadono i rapporti famigliari e personali. In tutti i casi, Pinocchio in primis, alla fuga sembra corrispondere, come reazione, una pressione sociale. Il sottrarsi ai propri ruoli viene, in tutti questi casi, sanzionato, sovente con l'appellarsi alle forze di polizia, agli avvocati, alla magistratura. I carabinieri sono i primi ai quali il burattino non riesce a sottrarsi, la polizia ricerca Monsieur Monde. La famiglia di Charles Benesteau cerca di tutelarsi legalmente, Adriano Meis soccombe di fronte alle difficoltà burocratiche dovute alla sua falsa identità.

"Sciagurato figliuolo! E pensare che ho penato tanto per farlo un burattino per bene! Ma mi sta a dovere! Dovevo pensarci prima!..."

La fuga in questa tipo di letteratura, suggella il momento di rottura, di crisi, nel quotidiano svolgersi degli eventi della società borghese dell'800 e del '900. E' l'irrompere del disordine in una vita scandita da regole che si basano sulla ciclica riproduzione di uno schema preordinato ed accettato. Problematiche concrete, alle quali le rigide regole morali e statuali evitano di dare risposta. Onere, invece, che sembra gravare sulle spalle di scrittori ancora attenti a quanto accadeva intorno al loro studiolo. Disponibili, questi, ad infilare,o a far infilare dai propri protagonisti, la porta di casa e darsela a gambe.

"Quello che accadde dopo è una storia da non potersi credere [...]"

Bibliografia minima:

- Le citazioni in corsivo sono tratte da Pinocchio di Collodi
- Emmanuel Bove, Le Pressentiment, Le Castor Astral 1991
- Luigi Pirandello, Il fu Mattia Pascal, Einaudi 2005
- Joseph Roth, Fuga senza fine, Adelphi, 1976
- Georges Simenon, La fuga del signor Monde, Adelphi, 2011
- Gianfranco Brevetto, Marta, Lulu.com, 2012
-Gianfranco Brevetto, Mosche! Letteratura, Metamorfosi, Presentimento. Aracne, 2008

QUEI VESTITI ACQUISTATI E MAI MESSI

La gente non sa cosa fare quando la stagione cambia. Si agita. In generale, chissà per quale motivo, ne risente. Crede, forse in buona fede, di obbedire in qualche modo ad una legge naturale, spesso smentita dalla natura stessa. A volte, la nuova stagione non arriva, esita. Ma, la gente sa, dal calendario, che è giunto il momento, e quindi l'attende con ansia. E, nell' attesa, dorme di meno, litiga di più, va più spesso dal medico, si sente stanca. Prende rimedi naturali che dovrebbero attenuare gli inconvenienti del naturale mutamento del clima. Si meraviglia, si annoia. Infine, apre gli armadi.

Quando la stagione cambia si sente il bisogno di fare un bilancio, di redigere un inventario, per questo la gente s'immerge nel mobile più ingombrante delle nostre case. La scusa è quella di una questione di praticità, il cambio degli armadi. Una sorta di rimescolamento periodico delle carte, uno spostamento materiale di oggetti necessario, che evoca, sollecita, ritualizza, ciò che avviene all'esterno, nella luce, nella temperatura, nelle giornate che si susseguono. Inesorabili ed indifferenti.

Un modo come un altro, per essere sicuri che questo passaggio non ci farà del male. Cambiando quegli oggetti sappiamo che alla fine saremo sempre noi stessi, che potremo governare quel cambiamento, mediante delle regole conosciute, dei gesti ripetuti. La gente si rassicura che in fondo non cambierà nulla, perché si tratta di un ciclo che si ripete, all'interno del quale troveremo sempre le stesse cose, che conosciamo e ci appartengono, e che vanno semplicemente messe in altro posto, riordinate. Condizione necessaria e sufficiente per poter andare avanti.

Ma il cambio degli armadi, in fondo, ci stressa. La gente sa che non è così semplice governare il tempo che passa. Che risistemare i ricordi e la memoria è solo un'illusione. Quel lavoro, in fondo, ci costringe ad un'anamnesi dagli esiti imprevedibili.

Inoltrarsi nell'armadio di casa, allo stesso tempo, conforta, sorprende, scuote. Gli armadi fanno paura. Scricchiolano di notte, sono i nascondigli per gli amanti e per gli scheletri. La gente sa che, in fondo all'armadio, in quei cassetti segreti che si conoscono e che ciclicamente si rimuovono, esistono, come oggetti di un puzzle che non si completerà mai, quei vestiti acquistati e mai messi.

www.ingramcontent.com/pod-product-compliance
Lightning Source LLC
Chambersburg PA
CBHW020312290526
45784CB00003B/1487